浙江省农业机械化发展“四分”研究

俞国红　主编

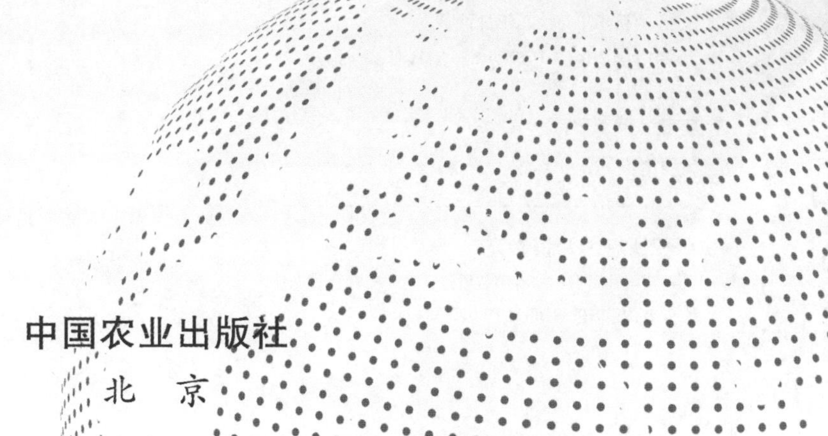

中国农业出版社
北　京

图书在版编目（CIP）数据

浙江省农业机械化发展“四分”研究 / 俞国红主编
. —北京 ：中国农业出版社，2024. 2
ISBN 978-7-109-31767-3

Ⅰ. ①浙…　Ⅱ. ①俞…　Ⅲ. ①农业机械化－发展战略
－研究－浙江　Ⅳ. ①F323. 3

中国国家版本馆 CIP 数据核字（2024）第 051372 号

中国农业出版社出版
地址：北京市朝阳区麦子店街 18 号楼
邮编：100125
责任编辑：周晓艳　耿韶磊
责任校对：吴丽婷
印刷：北京通州皇家印刷厂
版次：2024 年 2 月第 1 版
印次：2024 年 2 月北京第 1 次印刷
发行：新华书店北京发行所
开本：787mm×1092mm　1/16
印张：11. 5
字数：287 千字
定价：78. 00 元

领导小组名单

主　　任　陈良伟

副 主 任　孙奎法　俞逸敏　贾永义　蔡潮永

成　　员　杨天慧　苗承舟　魏绍林

编 者 名 单

主　　编　俞国红

副 主 编　索利利　石晓燕　王　俊　俞高红　余文胜

参　　编（按姓氏笔画排序）

马文君　王永维　叶云翔　叶秉良　刘　鹰　李双伟

汪开英　怀　燕　张成浩　陈　青　武　萌　周慧芬

郑文钟　赵颖雷　胡美华　俞燎远　蒋永健　程绍明

支 持 单 位

浙江省农业农村厅

浙江省畜牧农机发展中心

前 言

党的二十大报告明确提出加快建设农业强国，农业机械化是农业现代化、农业强国的重要标志、重要物质基础和产业支撑。浙江省自然资源禀赋、社会经济条件差异较大，农业机械化发展情况也不同。为明确浙江省基本实现农业现代化为导向的农业机械化目标路径，浙江省农业农村厅部署全省农机化系统立足省情首次按照分区域、分产业、分品种、分环节的思路开展农业机械化发展目标研究工作。基本摸清浙江省主导产业“四分”农机化发展现状、存在的短板问题，分阶段提出对策措施，明确时间表和路线图，确定到未来15年内农业机械化发展的总纲领，为“十四五”及至2035年农业机械化发展提供指引。

为保证研究工作的开展，全省上下三级联动成立“四分”研究工作专班，省级由厅分管领导任组长，设综合组、产业组、数据组3个组，产业组设粮油、畜牧、渔业、茶叶、水果、蔬菜、食用菌、中药材、设施、农产品贮藏加工等10个专题小组，由农机部门、浙江省农业科学院、浙江大学、浙江理工大学等分组分工开展各项研究工作，并由省畜牧农机发展中心“农机化发展与服务项目”保障研究经费。2021年8月至2022年9月，专题小组采取问卷调查、实地走访、座谈交流等方式开展调研，面向全省11个市收集调查问卷1万余份，并深入省内55个县（市、区）、省外5个省份，走访种养殖户（企业）、合作社、农机企业等200余家，召开座谈会50余场。在此基础上，结合2011—2020年相关统计资料，参照已基本实现农业机械化的国家、区域、产业和作物经验与做法，研究测算浙江省目标任务，经二轮专家论证与多次修改完善后，形成“1＋2＋8”四分农机化发展目标研究报告。报告分区域、分产业、分作物、分环节制定解决全省农业机械化发展问题的工作举措，明确时间表和路线图，并进一步明晰各产业问题、推广和研发三大清单，为农机政策出台、装备研发和推广应用提供指引。

编　者

2024年2月

目录

专题一　浙江省丘陵山区机械化发展研究报告

一、丘陵山区产业基本情况

（一）农业种植结构概况

浙江省丘陵山区陆域面积占全省的 70.4%，是浙江省果蔬茶、中药材、特色粮油、畜牧等农业产业的重要生产基地。据 2020 年统计，全省粮食总面积为 1 490.1 万亩，经济作物总面积为 1 531.65 万亩。其中，41 个丘陵山区县市粮食总面积 637.5 万亩，蔬菜总面积 374.7 万亩，茶园总面积 180.9 万亩，果园总面积 246.7 万亩，油料总面积 130.3 万亩，中药材总面积 54.1 万亩，在全省占比分别为 42.8%、37.9%、58.4%、56.2%、63.2%和 71.6%。此外，食用菌产量为 14.3 万吨，在全省占比 64.3%，山区 26 县耕地面积虽然仅占 13.8%，却为全省中药材、食用菌、油料、水果贡献了 59.6%、59.8%、37.6%和 38.7%的产出，因品种特性、环境要求等原因，成为山区县特色地域优势产出品种（图 1）。

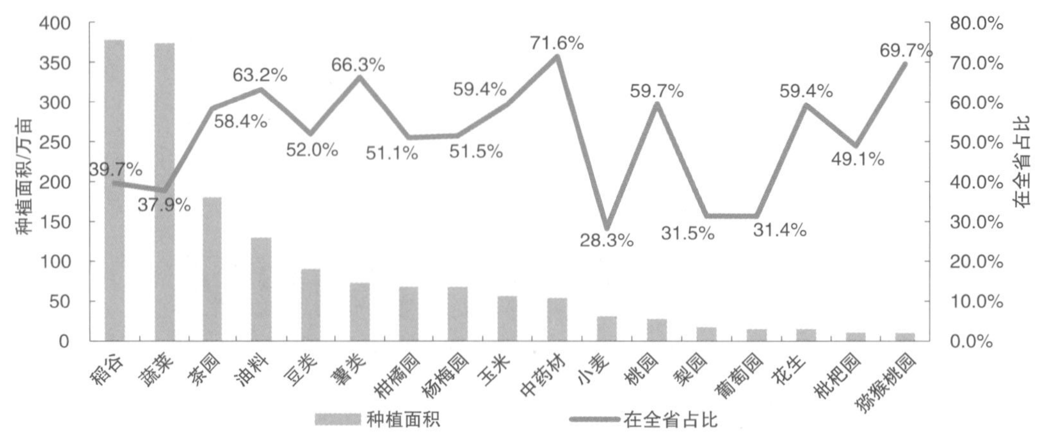

图 1　2020 年 41 个丘陵山区县市种植业情况

（二）机械化生产外部环境现状

从实现农业生产机械化角度来说，丘陵山区尤其是山区 26 县是农业现代化、共同富裕示范区建设的短板区域，以种植业影响最大。其中，耕地条件、规模化经营程度等因素是影响其是否能够接轨机械化、智能化、信息化等现代化经营生产方式的重要因素。

《浙江省高标准农田建设“十四五”规划》提到，截至 2020 年底，浙江省累计建成高标准农田 1 790.8 万亩*，占耕地面积的 60.5%；建成粮食生产功能区 810.7 万亩，占永久基本农田的 34%。从粮食生产功能区情况来看（图 2），丽水、衢州、温州、舟山等丘陵山区县市

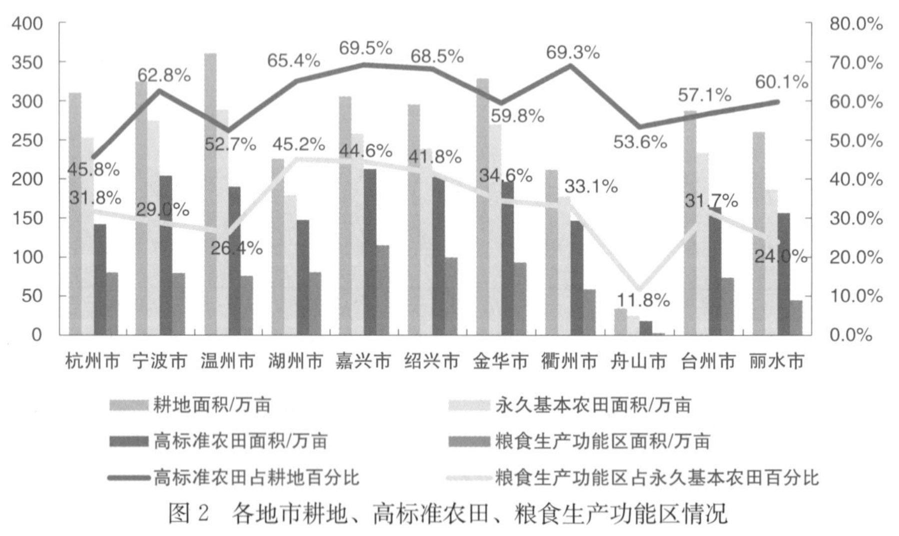

图 2　各地市耕地、高标准农田、粮食生产功能区情况

* 亩为非法定计量单位。1 亩≈667 米²。——编者注

较为集中的地市粮食生产功能区面积明显低于湖州、嘉兴等平原面积占比较大的地区。

从具体耕地的坡度数据来看，根据耕地数据统计（表1），平原地区90%以上为15°以下适宜种植耕地，丘陵山区15°以下的耕地占比为70.7%，而山区26县15°以下的耕地占比最低，仅为58.3%。

表1　山区26县和丘陵山区耕地不同坡度占比（%）

区域	≤2°占比	2°～6°占比	6°～15°占比	15°～25°占比	>25°占比
全省	57.0	11.0	12.8	15.6	3.7
平原地区	77.9	6.3	6.3	8.2	1.4
山区26个县	27.2	10.1	21.0	34.2	7.5
丘陵山区	35.4	15.8	19.5	23.2	6.0

从土地规模化经营程度来看，如图3所示，丘陵山区县市集中的丽水市、杭州市、金华市、台州市粮食种植规模化程度相对偏低，平均仅为28.98%，低于全省平均水平14.53个百分点。以丽水市为例，全市9个县（市、区）均为山区县，受田块坡度大、面积小、不规则、较为分散的地理耕地条件的影响，粮食种植规模化比重仅为9.2%，再加上种植结构和生产模式较为复杂、特色产业品种较多，阻碍了规模化、机械化的生产经营深入发展。

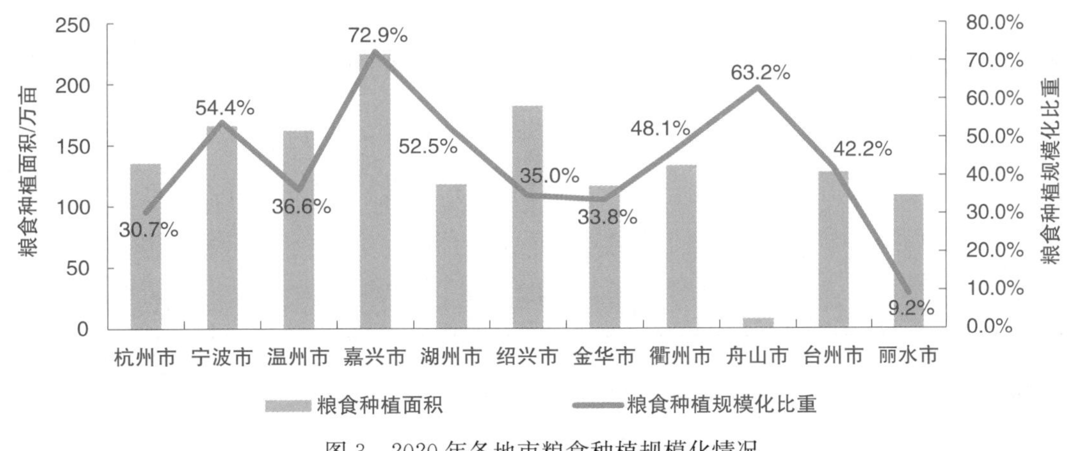

图3　2020年各地市粮食种植规模化情况

二、丘陵山区农业机械化发展现状

随着浙江农业领域机器换人的推进，全省农业机械化水平逐步提升，但丘陵及山区因地形地貌等因素，农业机械化发展相比平原仍然较为落后。

（一）粮油产业机械化

2020 年，全国丘陵山区农作物耕种收综合机械化率为 49%，浙江省 41 个丘陵山区县农作物耕种收综合机械化率为 62.6%，其中山区 26 县农作物耕种收综合机械化率为 57.1%，分别较全国平均水平高 13.6% 和 8.1%，但分别较全省平均水平低 9.2% 和 14.7%，较平原地区低 16.6%和 22.1%。从生产环节来看，农作物机种、机收环节有待提升，尤其是丘陵山区、山区 26 县，机种、机收环节机械化率较全省平均水平差距较大，相差 11%～18.5%（表 2）。从种植规模最大的作物水稻来看也是如此，栽植环节机械化水平差距最大，较平原县市地区分别低 14.5%和 22.3%，收获环节次之，耕整地环节相差最小。此外，适合丘陵山区绿色生态的稻渔综合种养、水旱轮作等新型农作制度的全程机械化种植模式也有待于进一步探索。

表 2　山区 26 县和丘陵山区农业机械化情况

区域	农作物耕种收综合		农作物机耕		农作物机种		农作物机收	
	机械化率	全省水平比较	机械化率	全省水平比较	机械化率	全省水平比较	机械化率	全省水平比较
全省	71.8%	—	93.2%	—	41.4%	—	73.7%	—
平原地区	79.2%	↑7.4%	95.8%	↑2.6%	50.8%	↑9.4%	85.4%	↑11.7%
山区 26 县	57.1%	↓9.2%	88.2%	↓5%	24.0%	↓17.4%	55.2%	↓18.5%
丘陵山区	62.6%	↓14.7%	88.3%	↓4.9%	30.4%	↓11%	60.7%	↓13%

除水稻、小麦以外，其他粮油作物的机械化水平也相对较低。以马铃薯为例，如表 3 所示，机种、机收水平较低，与平原地区差距较大。因此，推进特色粮油作物机械化水平提升，适宜缓坡、梯田作业的特色粮油机械的针对性研发将是难点与重点内容。

表 3　马铃薯机械化水平情况

作物	区域	机耕		机种		机收	
		机械化率	全省水平比较	机械化率	全省水平比较	机械化率	全省水平比较
马铃薯	全省	77.7%	—	3.0%	—	5.5%	—
	丘陵山区	76.2%	↓4.9%	0.7%	↓11%	1.1%	↓13%

（二）特色产业机械化

1. 水果

2020 年，全省机械化率为 27.01%，在全国排名第 15。从 41 个丘陵山区县来看，因丘陵山区装备适应性等问题，除了采收、田间转运环节差异不显著外，其他各生产环节机械化率均低于平原地区 10%～20%。分环节来看，田间转运环节机械化率较高，达到 73.5%，高于全国水平 23%，植保环节机械化率为 45.2%，其他环节机械化率较低，均在 23%以下。耕作、修剪、施肥等环节，山地作业机械化仍存在较多限制因素，一方面轻简化且动力足的微耕机、轻便高效的小型整枝等设备还不能满足现有山地作业需要；另一方面山地地形条件与机械化作业条件还不匹配。此外，高效的水果采收机械一直较为短缺。

近年来，部分具有地方特色的水果一度成为高附加值热销品，如兰溪市的“科技”杨梅，设施大棚避雨栽培，卷膜、喷灌全程自动化操作，自动监控棚内环境数据，爬山虎山地运输车＋轨道运输车代替人工运输，零距离冷库保鲜，设施大棚＋机械化＋产地冷藏保鲜的高效应用使得杨梅品质提升、人工减少，每亩产值是普通露天杨梅的 4～5 倍，为杨梅产业发展带来了新的增长点。此外，当地还引进了杨梅深加工生产线，将杨梅果变成杨梅汁，形成了完整的杨梅产业价值链。

2. 茶叶

茶园大多分布在山地上，2020 年全省茶叶机械化率为 36.4%，在全国排名第 6。从 41 个丘陵山区县来看，除了采收环节机械化率低于平原地区外（低于平原 39.1%），其他环节机械化率均高于平原地区，以田间转运环节最为明显，高于平原地区 36.6%。究其原因，茶叶作为丘陵山区高附加值、农民增收的支柱产业，从政府层面十分注重茶叶的产业化发展，由此带动了其机械化作业水平的提升。以被誉为“中国名茶之乡”的松

阳县为例，松阳大力发展茶产业，全面推进茶叶的标准化种植、质量安全追溯及茶叶加工改造提升，十分重视该产业农机购置补贴等强农惠农政策落实。修剪、植保、运输、耕作除草机械化率分别达到了100%、79.6%、89.6%和97.3%。此外，该县大力扶持茶叶加工由单机作业向清洁化、连续化、智能化的加工流水线转变，引进名优茶自动化生产加工流水线17条，茶叶色选机85台，实现了县区内名优茶机械化加工。

对于大部分分布在30°以上山区的茶园，宜机化改造难度较大，在未来相当长一段时间内中小型茶园对中耕除草、施肥、修剪及山区茶园轨道运输等机械装备仍有较大需求。对于分布在15°以下的尤其是经过改造已形成水平条田环境种植的15%左右的茶园，大宗茶管理可采用中大型的自走式采摘修剪一体机，以提升作业效率。此外，名优茶的采摘机械装备处于空白，名优茶的鲜叶分级、自动摊放等加工技术和装备也有待于突破。

3. 蔬菜

蔬菜在浙江省的种植面积达到了种植业的1/3左右。2020年，全省蔬菜机械化率为35.2%，从41个丘陵山区县来看，耕种收综合机械化率较平原低16.5%。部分环节机械化得到解决，如耕整地、田间管理、植保环节机械得到了较好的应用，其机械化率为62.7%～81.9%，但种植、收获等环节机械化水平仍较低。此外，丘陵山区设施面积相对平原地区较小，以丽水市为例，其设施大棚面积与耕地面积比仅为2.2%，较全省平均水平约低4%。

4. 食用菌

浙江省是人工栽培香菇的重要发源地，也是我国食用菌产业转型发展的先行区。食用菌种类较多，大多采用自然生产设施或露地生产。近年来，食用菌产业尝试走工厂化生产的道路，流水线配备自动配料、上料、拌料、灭菌、接种等设备，是食用菌机械化的重要途径。但目前食用菌工厂化生产处于起步阶段，仅在金针菇、杏鲍菇等个别食用菌品种上实现了工厂化种植。2020年，浙江省食用菌工厂化率仅有8.53%，略高于全国平均水平(7%)。以丽水市为例，除菌棒菌料加工和保鲜冷藏机械化率达到60%以上外，其他环节机械率均较低，灭菌机械化率为10.0%，接种机械化率约为5.29%，分级机械化率约为3.7%，包装机械化率约为5.0%，烘干机械化率约为20.3%。

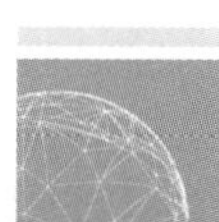

5. 中药材

丘陵山区中药材种植大部分在山林地和林下，多为传统人工种植方式，机械化水平不高。在生产上会使用一些简单的工具，如小型耕地机、除草机、旋耕机和开沟机，但使用的比例很低，特别是种植和采收环节基本上是人工栽植和采收。此外，中药材初加工设备应用也较少。以丽水新型中药材产业为例，皇菊、铁皮石斛、百合花、木槿等“赏食药”兼用的中药材带动了农旅融合发展，企业“产加销”一条龙运作，从耕种管收到分级、烘干、包装多以周边老百姓为“工人”作业。然而，随着规模化种植的发展、农村劳动力的减少，机械化、产业化运作将是其发展的必然之路，中药材生产对耕整、管理、收获等劳动强度大的环节及烘干、分级、包装等初加工机械将会有较大需求。

三、国内外丘陵山区农业机械化发展及主要经验

（一）国外发展现状与主要做法

1. 发展现状

以日本、韩国为代表的发达国家，从20世纪四五十年代开始就非常重视农业机械替代人工作业，致力于发展丘陵山区农业机械化。

（1）日本。日本将近80%的国土是丘陵山地，且61%属于山地。通过70多年的努力，日本主要农作物生产机械化水平处于全球领先地位，水稻在1980年基本实现机械化，胡萝卜、洋葱等部分蔬菜的移栽、收获环节也基本实现机械化。

（2）韩国。韩国山地占据2/3的国土面积，地形多样，低山、丘陵和平原交错分布。其水稻耕种、插秧、收获环节机械化率均达到100%，烘干、植保环节也分别高达93.9%和98.1%。旱作作物中，马铃薯、豆类、甘薯、萝卜、大白菜、大蒜、葱、辣椒等作物机耕达到全覆盖。

2. 主要经验做法

日本、韩国分别在1953年和1978年出台了《农业机械化促进法》，针对丘陵山区的农耕条件，对土地进行改良，并配套实施农业补助金、购置补贴、中间管理机构等一系列相关制度。

日本的土地改良主要分为水田整治、农地综合整治、大区划规划整理等3个阶段，内

容涵盖了农田灌排水、耕地整理开发、田间区划、土地平整、田间道路修建及农村环境综合治理等，并编制了系列相关技术标准（表 4）。日本从 2000 年开始对丘陵山区的农业发展给予专门补贴，对于农地平整修缮、完善农田水电路等设施按照 5 年 1 个周期给予最高每公顷 21 万日元的补贴。

表 4　日本土地改良事业计划设计主要标准

类别	名称	制定时间
水田整治	土地改良事业设计基准及运用·解说计划［农田整备（水田）］	2013 年 3 月
	土地改良事业设计基准·计划［农田用水（水田）］	2010 年 7 月
旱田整治	土地改良事业设计基准·计划［农场整备（旱田）］	2007 年 4 月
农田排灌水	土地改良事业设计基准·计划（排水）	2006 年 3 月
	土地改良事业设计基准·计划（暗渠排水）	2000 年 11 月
农道	土地改良事业设计基准·计划（农道）	2001 年 8 月
农地综合整治	土地改良事业设计基准·计划（土地改良）	1984 年 1 月
	土地改良事业设计基准·计划［农地开发（改良山成田）］	1977 年 1 月

（二）国内发展现状与主要做法

1. 发展现状

农业农村部农业机械化管理司 2019 年对全国丘陵山区农业机械化水平摸底调查数据显示，全国1 429个丘陵山区县农作物耕种收综合机械化水平为 46.87%，比全国平均水平低 21.92%，比非丘陵山区县低 33.87%。从南方丘陵山区 12 省份农作物机械化情况来看，浙江省农作物耕种收综合机械化水平在 12 个丘陵山区省份中处于首位，其中水稻、小麦耕种收综合机械化程度均处于前列，油菜耕种收综合机械化和茶叶机械化水平均排在第 6 位。

2. 主要经验做法

(1) 重庆。重庆在《重庆市农业机械化促进条例》中将“农田宜机化改造”列为专章，制定了《丘陵山区宜机化地块整理整治技术规范》，出台了《关于印发促进农业机械化发展若干政策举措的通知》对部门职责、资金投入、建设机制等做出明确规定，为农田宜机化示范改造提供保障。

（2）广西。广西是柑橘的主要种植地区之一，对提升生产效率、减少人力成本投入的全程机械化种植模式进行了探索，形成了以宜机化改造、机械化种植、管理、运输、冷藏保鲜为主要环节的丘陵山区生产全程机械化技术路线、机具配套方案及技术要求，推行机械化与标准化种植、规模化经营、精细化管理并重的发展模式。

（3）湖南。湖南常宁市耘茂农业产业有限公司创新发展模式，在罗桥镇三合村建设一个集育秧、机插、植保、收割、秸秆回收、烘干、加工于一体，从一粒种子到一粒米的全产业链模式的现代农业综合服务中心，为该市 10 余个乡镇近千名农户及种粮大户提供翻耕、育秧、机插、植保、烘干、机收、仓储、加工等全程的农业生产社会化“一条龙”服务。

四、丘陵山区农业机械化存在问题

浙江省丘陵山区农作物种植种类繁多、拥有发展特色品种的优越地域条件，但产业化、机械化发展还较薄弱。

（一）基础设施薄弱

土地条件是制约丘陵山区机械化进一步发展的第一因素。一方面，浙江省乃至全国对基本农田宜机化建设都处于起步初期阶段。虽然土地平整在国标《高标准农田建设通则》（GB/T 30600—2014）中列出的 6 项主要建设内容中排第一，但目前在高标准农田建设实践操作中并没有很好地体现出第一的位置。根据调研情况，已完成的高标准农田中能够满足宜机化要求的仅占总量的 30% 左右。另一方面，山地果茶园、农田基础配套比较困难，宜机化改造长期未得到重视，大多机械化项目针对农机开展，研发了微耕机等系列小型农机，以期“以机适地”，但缓坡山地机耕道、茶园果园田间通道大多还不能满足机械的通行要求，导致机械应用受限。此外，坡度较大的山地机械化作业到目前为止仍缺乏有效的解决方案。

（二）农机装备缺乏

丘陵山区农作物品种多样、种植管理标准化程度低、种植制度复杂，无机好用、无好机可用等问题凸显。目前，虽然大中型和小型农机在丘陵山区都有一定程度的应用，但总体来说，还存在农机装备结构简单、宜机化适应性差、作业效率低等问题。比如粮油产业缺乏用种量少且播种均匀的育秧流水线等设备，果蔬业缺乏中小型移栽、施肥、灌溉、收获等机械装备，农产品初加工缺乏分级、包装和预冷等作业的贮藏保鲜机械装备和设施，茶产业缺乏名优绿茶鲜叶分级、自动摊放及连续化、清洁化作业的自动加工生产成套设备，中药材产业缺乏规模化种植、收获、加工、烘干等机械装备。

（三）社会化服务发展不平衡

一是具有一定组织规模和服务能力的农机化服务主体数量较平原少，社会化服务覆盖率较平原约低 13 个百分点，丽水、衢州等丘陵山区县市社会化服务覆盖率仅为个位数；二是社会化服务组织机械化服务领域窄，目前服务主体所能提供的社会化作业服务主要集中在粮食，以及少数水果生产、烘干，飞防等通用类机械，而诸如蔬菜、中药材等许多特色经济作物的机械化生产服务几乎空白；三是社会化服务组织化程度低，结构组成上主要是依靠农机合作社、合作联社等，现代农业服务支撑体系下综合服务能力不足。

五、丘陵山区机械化发展对策

（一）总体目标

到 2025 年，丘陵山区农作物耕种收综合机械化率总体上达到 76%，水稻耕种收综合机械化率达到 80%，茶叶生产机械化率达到 45%，水果生产机械化率达到 41%。其中，山区 26 县农作物耕种收综合机械化率达到 73%，水稻耕种收综合机械化率达到 75%。

（二）工作举措

建立健全丘陵山区多跨协同创新机制，围绕丘陵山区粮油、果蔬、茶叶等特色产业，分产业、分区块、分条件推进宜机化改造与农机农艺融合、农机引进改良与创新研发、产学研推用协同发展，为丘陵山区农业机械化提升提供全方位支撑。

1. 推进农田宜机化改造

一是对于平地或缓坡、机械化作业条件良好的区块且符合土地规划的基本农田，以构建适合粮油及其他产业耕、种、管、收高效全程机械化的作业环境为目标，立足国家标准建设高标准农田，全面实施土地平整、土壤改良、灌溉排水、田间道路、农田防护、农田配电等工程。二是对于坡度较大、机械化作业受限的区块，以构建特色产业主要环节中小型机具的作业环境为目标，以劳动力密集的施肥、植保、中耕等环节为突破重点，布设田间道路，保障农机田间通行，结合山地轨道运输机械构建丘陵山区机械化解决方案。

2. 推进农机装备研发创新

依托省农机装备创新研发推广联盟，建立健全产学研定期会商机制，定期收集梳理丘陵山区主导产业、特色产业农机化作业需求目录清单，鼓励省内科研院所、高等院校、农机企业等优势力量开展联合研发攻关。布局建设农机试验创新基地，开展样机作业试验、性能熟化、技术示范，协同推进丘陵山区机械化新技术、新装备、新模式应用。至 2025 年，创建丘陵山区粮油全程机械化、特色产业重点环节机械化试验基地 50 个。

3. 加大先进适用农机化技术推广应用

分产业建立丘陵山区农机化技术创新与推广服务团队，充分发挥农业企业、农业生产主体等行业中的优势力量，形成“推广部门＋一线专家”的农机化技术推广模式。聚焦丘陵山区农机与农艺融合的技术难点和堵点，加强农机与农艺部门的协作攻关，研究提出农艺农机融合的相关标准和主推技术，并建立农艺农机融合示范基地。同时，鼓励村集体经济合作组织、农机企业和有条件的农业生产经营主体成立专业社会化服务组织，根据丘陵山区地形地貌、作物品种、种植模式等探索订单式、“一条龙”式等服务作业模式，促进小农户与现代农业有机衔接。至 2025 年，创建丘陵山区农机农艺融合示范基地 300 个，丘陵山区粮油、特色产业重点环节农机综合服务中心 100 个。

4. 加强农机化人才队伍建设

加大对丘陵山区农机化人才队伍建设的支持力度，加强与平原地区、省外先进地区的高等院校、科研院所、农机企业和农机专业合作社的交流合作，壮大丘陵山区农机化研发制造推广应用技术力量。定期组织开展座谈会、现场会、培训会等活动，邀请相关农机专家开展指导、授课，组织学习先进农机化技术、交流优秀经验，促进人才、技术等资源集聚，协同提升丘陵山区农机化发展水平。

专题二　浙江省粮油产业机械化发展研究报告

一、粮油产业基本情况

浙江省主要粮油作物包括水稻、小麦、油菜、玉米、马铃薯、大豆、花生等。其中，水稻、油菜、小麦是浙江省最为重要的三大粮油作物。2020 年，种植面积分别为 959.550 万亩、150.151 万亩和 144.664 万亩，分别占全省粮油作物总种植面积的 63.81%、9.98% 和 9.71%。2020 年浙江省主要粮油作物种植面积详见表 1。

表 1　2020 年浙江省主要粮油作物种植面积（万亩）

省市	作物面积						
	水稻	油菜	小麦	大豆	玉米	马铃薯	花生
浙江省	959.550	150.151	144.664	98.088	76.922	42.914	16.280
杭州市	70.784	27.018	16.168	5.286	9.356	5.123	1.184
宁波市	108.709	8.860	15.080	12.639	6.462	8.338	4.077
温州市	119.938	10.541	1.307	7.336	7.382	4.700	1.245

（续）

省市	作物面积						
	水稻	油菜	小麦	大豆	玉米	马铃薯	花生
嘉兴市	131.609	7.331	74.012	8.301	2.487	1.749	—
湖州市	77.185	9.332	18.774	2.211	1.485	0.597	0.054
绍兴市	130.007	14.781	11.280	13.056	96.625	5.072	3.434
金华市	78.733	21.047	1.207	11.412	8.286	4.754	2.398
衢州市	93.877	35.737	0.518	15.592	12.076	2.618	1.063
舟山市	3.870	1.543	0.410	0.787	0.815	0.845	0.554
台州市	93.763	8.875	4.659	5.882	3.529	3.509	1.102
丽水市	51.074	5.088	1.250	15.586	15.418	5.609	1.170

数据来源：《2020浙江省农业机械化统计年报》。

杭嘉湖平原是浙江省水稻和小麦的主产区，油菜主产区为金衢盆地。其余粮油作物主产区：马铃薯为浙西南丘陵山区，玉米大豆为钱塘江两岸、浙中及浙东地区，花生为宁绍平原及周边地区。浙江省主要粮油作物各主产区种植面积见表2。

表2　浙江省主要粮油作物各主产区种植面积（万亩）

主产区	面积	主产区	面积
杭嘉湖平原单季粳稻	167.12	杭嘉湖平原小麦	75.26
宁绍平原单双季籼粳稻	101.23	宁绍平原小麦	13.36
温台沿海平原单双季籼稻	67.76	浙西南丘陵山区小麦	2.56
金衢盆地单双季籼稻	84.16	浙西北丘陵山区小麦	8.36
浙西南丘陵山区单季籼稻	95.15	宁绍平原马铃薯	3.17
浙西北丘陵山区单季籼粳稻	70.76	浙中、浙东、浙东南马铃薯	6.95
杭嘉湖平原油菜	9.76	金衢盆地马铃薯	4.20
宁绍平原油菜	9.59	浙西南丘陵山区马铃薯	8.65
金衢盆地油菜	35.31	浙西北丘陵山区马铃薯	5.90
浙西南丘陵山区油菜	9.24	钱塘江两岸、浙中及浙东玉米大豆	82.98
浙西北丘陵山区油菜	34.43	宁绍平原及周边花生	7.50

二、粮油产业机械化基本情况

（一）总体情况

据《2020 浙江省农业机械化统计年报》数据显示，全省主要粮油作物耕种收综合机械化率为 71.82%，宁波市、湖州市、杭州市和嘉兴市等地粮油作物耕种收综合机械化率均超过 80%，处于全省第一梯队。如图 1 所示。

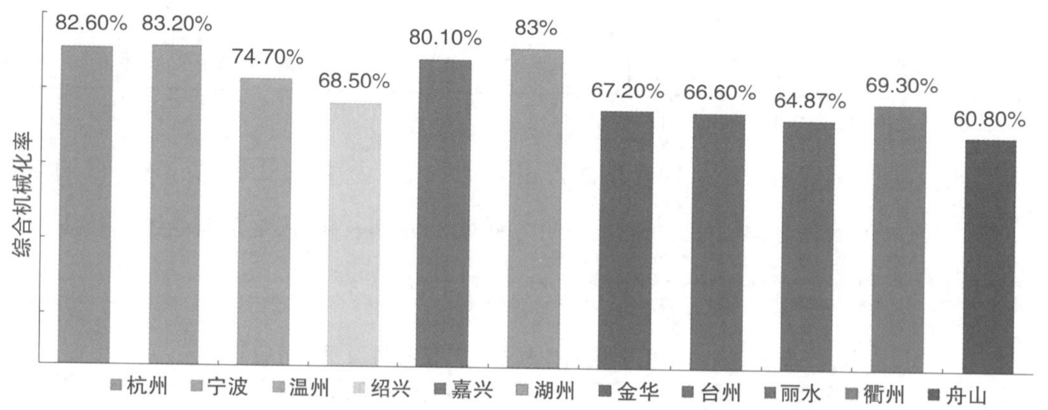

图 1　2020 年各市主要粮油作物耕种收综合机械化率
（数据来源：《2020 浙江省农业机械化统计年报》）

（二）不同作物生产机械化现状

2020 年，浙江省主要粮油作物的耕种收综合机械化率如图 2 所示。其中，水稻、小麦和油菜的耕种收综合机械化率排名前三，分别为 82.50%（全国第 15 位）、82.58%（全国第 18 位）和 42.86%（全国第 22 位）；其他粮油作物综合机械化率均低于全国平均水平，马铃薯、大豆、花生耕种收综合机械化率较全国平均水平分别低 15.27%、52.09%、36.16%（分别位于全国第 21 位、第 25 位、第 21 位），玉米耕种收综合机械化率较全国平均水平低 59.63%（全国第 27 位）。

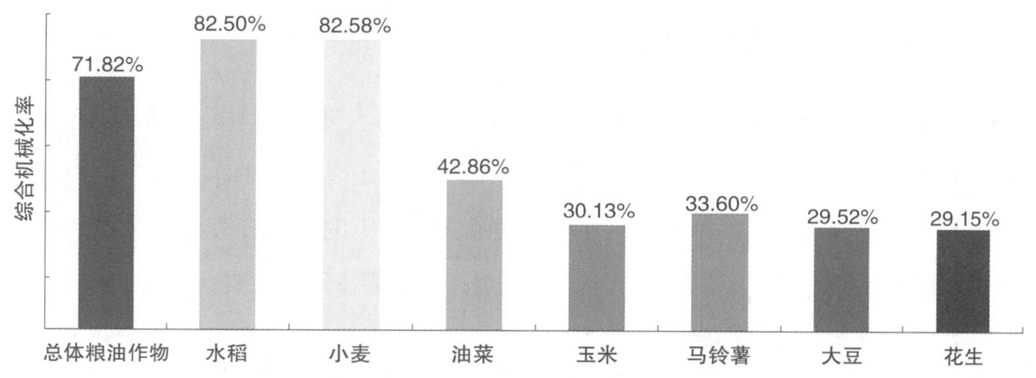

图 2　浙江省农作物耕种收综合机械化率
（数据来源：《2020 浙江省农业机械化统计年报》）

（三）不同环节机械化现状

从全省主要粮油作物的耕、种、收环节进行分析，机耕率为 93.21%，较全国平均水平（85.49%）高 7.72%，位于全国第 13 位；机种率较低，为 41.38%，较全国平均水平（58.98%）低 17.6%，位于全国第 20 位；机收率为 73.72%，较全国平均水平（64.56%）高 9.16%，位于全国第 10 位，如图 3 所示。

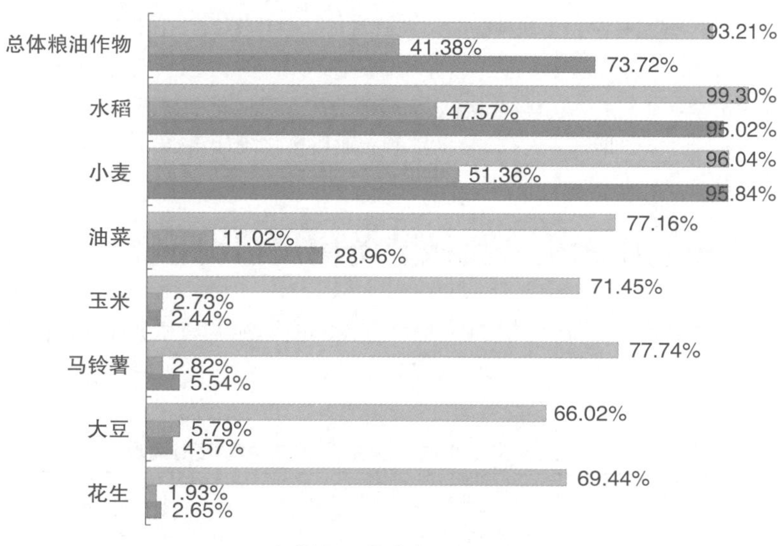

图 3　全省主要粮油作物各环节机械化率
（数据来源：《2020 浙江省农业机械化统计年报》）

（四）不同区域机械化现状

全省平原地区主要包括萧山区等 29 个县（市、区），丘陵山区主要包括西湖区等 59 个县（市、区）（含山区 26 县），两类区域间和区域内各县（市、区）间粮油产业机械化发展不平衡。平原地区主要粮油作物耕种收综合机械化率为 79.04%；丘陵山区为 66.42%，其中山区 26 县仅为 60.47%，如图 4 所示。丘陵山区及山区 26 县主要粮油作物耕种收综合机械化水平均低于全国平均水平（71.25%）。

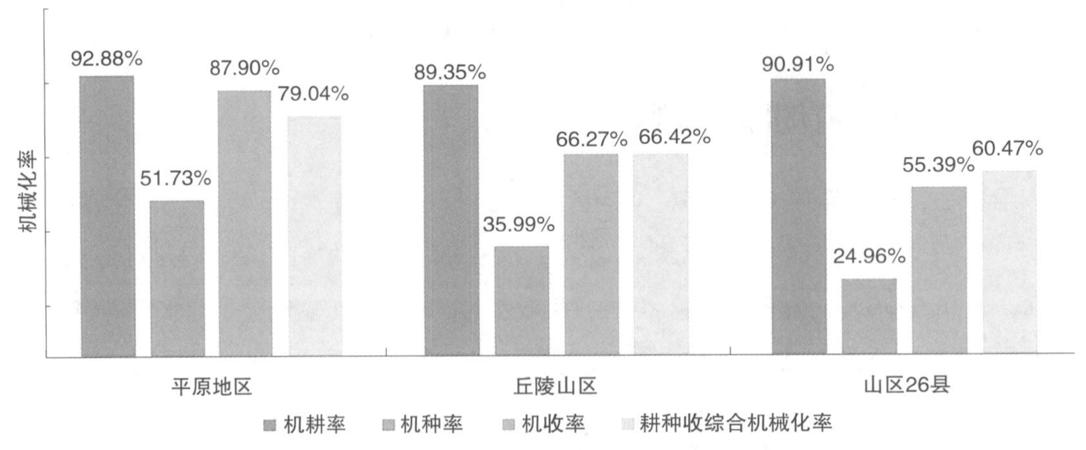

图 4　2020 年全省分区域粮油产业机械化率情况
（数据来源：《2020 浙江省农业机械化统计年报》）

（五）主要粮油作物生产机械装备应用情况

水稻、小麦和油菜是浙江省种植面积最大的粮油作物，其生产过程中主要机械装备的应用情况见表 3。

表 3　浙江省主要粮油作物生产机械装备应用情况

作物	作业环节	装备应用情况
水稻	耕整地	以轮式、轻型履带式拖拉机，履带式耕作机配备旋耕机和平地机（打浆机）为主
	育秧	主要有水稻精量播种流水线、催芽室、育秧棚设施、运秧设备等
	种植	以机直播、机插为主，机抛秧较少。直播有精量穴直播机、农用无人机飞播、喷播机喷播，目前无人机直播面积逐年增加。机插以毯苗移栽为主，近几年温岭市推广钵苗移栽机，增产效果明显（每亩增产 15%左右），目前全省多地开始推广。有序抛秧机械开始应用，但速度缓慢

（续）

作物	作业环节	装备应用情况
水稻	田间管理	植保机械应用较普及，有农用植保无人机、自走喷杆式喷雾机、担架式喷雾机、背负式喷雾机等，无人机植保近几年发展迅速。施肥机械应用主要有撒肥机、机插同步侧深施肥机和农用无人机，侧深施肥机受机插率的影响，推广并不理想，大容量农用无人机撒肥面积在逐年扩大。丰产沟开沟机经过多年研制开发，目前处于推广初期。田间除草机械处于引进、开发阶段，未有实际应用
	收获	主要有全喂入式、半喂入式和微型联合收割机，以全喂入式为主，近几年联合收割机带粉碎（切碎）均匀抛撒装置的机型应用较多
	秸秆处理	采用还田和离田两种机械作业方式。秸秆还田采用拖拉机配普通旋耕机和反转灭茬旋耕机，以普通旋耕机为主。秸秆离田采用拖拉机配打（压）捆机、履带自走式打捆机、联合收割机带打捆一体机，总体应用不多
	产后	烘干采用循环式谷物烘干机，同时配去石机、清选机、脱粒机、抛光机、除尘设施等，除部分丘陵山区外，烘干机械在浙江省已经普及。稻米加工主要应用中小型稻米成套加工设备、碾米机、种子包衣机以及自动计量包装机等设备。近几年，装配式金属粮仓和稻米低温保鲜冷库发展较快
小麦	耕整地	以轮式、轻型履带式拖拉机，履带式耕作机配备旋耕机，开沟机作业为主
	种植	以农用无人机飞播、喷播机喷播为主，条播机和耕种施肥一体化作业机具使用较少
	田间管理	植保机械应用较普及，有农用植保无人机、自走喷杆式喷雾机、担架式喷雾机、背负式喷雾机等。农用无人机近几年在植保、施肥领域应用面在逐年扩大
	收获	主要有全喂入式、半喂入式联合收割机，以全喂入式为主。近几年，带粉碎（切碎）均匀抛撒装置的机型应用较多
	秸秆处理	以全量还田为主，拖拉机配普通旋耕机直接旋耕还田
	产后	采用循环式谷物烘干机，同时配去石机、清选机、脱粒机、除尘设施等，烘干机械在浙江省已普及，装配式金属粮仓发展较快。烘干后一般销售给饲料厂、粮食管理所等
油菜	耕整地	以轮式、轻型履带式拖拉机，履带式耕作机配备旋耕机，开沟机作业为主
	育苗	已开展油菜毯状苗播种、育苗技术研究
	种植	以喷播机喷播、农用无人机飞播为主，少量使用耕种施肥一体的直播机（条播）。近几年，农用无人机飞播面积在逐年扩大
	田间管理	植保机械应用较普及，有农用植保无人机、自走喷杆式喷雾机、担架式喷雾机、背负式喷雾机等。农用无人机近几年在植保、施肥领域应用面积在逐年扩大
	收获	油菜联合收获机以一次性收获为主。分段式收获机械未得到推广。近几年，带粉碎（切碎）均匀抛撒装置的机型应用较多
	秸秆处理	以全量还田为主，拖拉机配普通旋耕机旋耕还田
	产后	油菜籽专用烘干机未得到有效推广，烘干机械与稻麦同用，同时配合油菜脱粒机、清选机等设备。目前，加工设备以小型油菜籽生产线为主，主要设备有滚筒炒锅、榨油机、过滤机。而大中型生产线加工设备应用不多

三、国内外粮油产业机械化发展现状

（一）国外粮油产业机械化发展情况

日本、韩国在粮油机械化发展方面有很多地方值得我们借鉴。在机械化应用上主要有以下 4 个特点：一是“全”。耕、种、管、收、烘、贮、加工的每个环节都普及了机械化，特别是田间管理环节中的开沟、施肥、除草等方面，在我国还处于“无机可用”“无好机用”的状态。二是“精”。机械化生产充分体现了“精耕细作”理念，如水田用拖拉机均配置有农具悬挂动平衡系统，加上耕地后使用打浆机作业，保证了耕整地的“平”、表面土的“细”和埋草的“深”，可以有效抑制杂草生长，也为后期使用除草机械、侧深施肥机械打好了基础，实现了除草剂禁用。又如日本 20 世纪 90 年代已经普及了水稻机插同步侧深施肥技术，结合冬季测土配方机械施基肥，保证了土壤肥力，实现精准施肥。三是“专”。机械化生产专业分工非常细化，如日本在水稻产区布点建设育供秧中心，统一建设标准、机具配置和外观标识，采用集中播种（种子消毒、暗室催芽）与育秧分开的“二段式”育供秧模式，保证了机插用秧；又如推行糙米贮藏，在全国布点建设专门的贮藏库，在翌年 5 月气温上升时，开启冷却和湿度控制系统，使贮藏温度保持在 15℃以下、相对湿度在 13%以下，保证了稻米品质。四是“新”。日本基于 IT 技术的自动驾驶插秧机入选 2017 年日本农业技术十大新闻，“密播稀植”（每亩用秧量只有 5～8 盘）、实时地力检测变量施肥等技术已经逐步成熟化且得到应用。在社会化服务方面，日本、韩国非常重视农机社会化服务体系建设，对不适合一家一户的播种、植保、测土配方施肥、烘干、贮藏等环节推行社会化服务，育秧、开沟、除草等以自备机具为主。在政策设计上，采用退坡式补贴方法，对纳入补贴的农机新产品，补贴比例由高到低逐年递减，促进新产品的推广应用。

（二）国内粮油产业机械化发展情况

1. 黑龙江省

农垦布点建设水稻规模育秧工厂，基本能满足垦区农户的机插用秧需要，农垦地区机插率达到 95%以上，全省机插率也在 90%以上；建三江地区从 20 世纪 90 年代开始引进侧深施肥器，2016 年在全国率先普及推广机插同步侧深施肥技术。

2. 江苏省

油菜、小麦的种收环节均已实现机械化，种植以机械条直播为主。南京农机化研究所油菜机械化研究团队与扬州大学、洋马等公司合作研究油菜毯苗机械移栽技术，育苗技术现已趋于成熟，拖拉机牵引的即耕即种型移栽机已在江苏、江西等地成功应用。江苏省粮油机械企业众多，日本久保田株式会社、洋马株式会社、江苏沃得农业机械股份有限公司、常州亚美柯机械设备有限公司、丰疆智能科技股份有限公司等占据了我国拖拉机、联合收割机、插秧机、联合收割机、无人驾驶农机的主要市场，樱田农机的打浆机、液压平地机和亚美柯的钵苗摆栽机引领了国内平整地机械和钵苗移栽机械发展。

四、粮油产业机械化存在问题

浙江省“七山一水二分田”，受地域差异、种植品种、种植模式等因素影响，全省粮油产业机械化发展不平衡问题凸显，主要存在以下几方面问题。

（一）基础设施建设落后

1. 土地流转力度不足

部分地区农民缺乏土地流转意愿，影响土地集中连片和改造，阻碍了机械化发展。

2. 宜机化改造工作滞后

缺乏县域宜机化改造规划，工作未得到地方政府重视。此外，缺乏宜机化改造专业人才，特别是丘陵山区农田和园地改造不科学，改造成本高，影响了丘陵山区粮油机械的应用推广。

（二）先进适用农机装备研制落后

1. 水稻生产方面

耕整机械落后，缺少耕整水平自动控制功能，打浆机、平地机械尚处于起步阶段；育秧工厂成套设备落后，供秧成为影响机插水平提升的主要因素；田间管理机械落后，缺乏丰产沟开沟机、田间除草机等；精准施肥技术、再生稻头季稻收割机械、烘干贮藏加工一体化成套设备等方面明显落后。此外，适合丽水等丘陵山地应用的小型种植、收获、运输机械缺乏。

2. 油菜生产方面

油菜毯状苗高效移栽机械缺少，油菜种植茬口问题无法解决，移栽仍以人工为主；缺乏低损专用的油菜联合收割机，现有的油菜联合收割机主要是在稻麦联合收割机的基础上改进的，收获损失率大。

3. 其他粮油生产方面

玉米和花生生产上缺少耕、开沟、种、施肥等复式作业机具和鲜食玉米、花生的收获机械；番薯生产上缺少适合浙江省丘陵山地应用的移栽、浇水、收获机具；马铃薯生产上缺少适合浙江省黏壤土质和丘陵山地应用的块茎种植、收获机械；油茶生产上缺少采果、烘干、脱壳等机械。

（三）先进农机化技术推广应用力度不足

1. 施肥技术落后

由于农民、机手认识和技能上的不足，导致基肥深施和机插同步侧深施肥技术未得到有效推广。

2. 钵苗移栽技术落后

钵苗移栽技术具有明显的增产效果，因整套移栽装备售价高，大面积推广难度大。

3. 复式作业机械推广不足

小麦（油菜）耕、种（条播）、开沟、施肥复式作业的机具推广不足，无序直播造成小麦、油菜病虫害增加、产量和品质均难以提高。

4. 社会化服务水平不高

缺乏专业服务组织，集中育供秧、烘贮加工一体化等具公益属性的社会化服务中心缺少，造成机插推广难度大，水稻产业链向加工端延伸慢，农民种粮收益难以提高。

（四）政策扶持力度不足

农业设施用地瓶颈难以突破，农业主体存在投入回报周期长、无增值性等风险，政府在鼓励建设投入和作业服务奖励等方面缺少长期性政策。

五、粮油产业机械化发展对策

（一）总体目标

到 2025 年，主要粮油作物耕种收综合机械化率达到 84%以上，其中水稻耕种收综合机械化率达到 91%以上，粮食生产功能区水稻生产实现全程机械化；小麦耕种收综合机械化率达到 84%以上；油菜耕种收综合机械化率达到 55%以上，其中油菜种植、收获环节的机械化率分别达到 50%和 65%以上；新增粮食烘干机械 2 000 台（套），批次粮食烘干能力达到 16 万吨。浙江省粮油产业机械化发展目标见表 4。

表 4　浙江省粮油产业机械化发展目标

年份	机耕率	机种率	机收率	耕种收综合机械化率
2025	97%	66%	85%	≥84%
2035	≥99%	≥76%	≥92%	≥90%

（二）工作举措

1. 完善基础设施建设

（1）推进土地流转。引导农村土地合法、有效流转，保障双方权益，为规模化生产经营提供基础。

（2）加快农田宜机化改造。提出农田宜机化改造标准和规范，推动田块小并大、短并长、陡变平、弯变直和互联互通，切实改善农机通行和作业条件。

2. 加快农机装备创新研发

（1）开展平原地区适用装备研发。主要研发钵苗盘智能播种线、除草机械、精准植保机械、高效低损多功能联合收获机、智能烘干贮藏加工等农机装备。

（2）开展丘陵山地适用装备研发。研制适于 20°以下坡地的丘陵山区履带式拖拉机、小型水平自动控制平地机、轻简型中耕除草机、小型播种机、小型乘坐式插秧机和收获机等装备。

（3）开展智能农机装备研发。研制集成北斗导航、人工智能等技术的中小型履带拖拉机、高精度无人机、智能小型插秧机、高效低损小型联合收获机等装备。

3. 加大先进适用农机化技术推广应用力度

(1) 充实推广力量。建立粮油产业技术创新与推广服务团队，充分发挥农业企业、农业生产主体力量，形成“推广部门+一线专家”的农机化技术推广模式。

(2) 推广先进智能农机装备。加快农机无人驾驶、水平自动控制、水稻侧深施肥插秧、油菜条播和毯苗移栽、工厂化育秧流水线等技术和装备的推广应用。

(3) 加强农艺农机融合技术的推广。农机部门要协同农艺部门加强农机与农艺技术的攻关，研究提出农艺农机融合的相关标准和主推技术，并建立农艺农机融合示范基地。

(4) 做大做强农机社会化服务。鼓励村集体经济合作组织、农机企业和有条件的农业生产经营主体成立专业社会化服务组织，购置先进适用农机装备，开展集耕整、育苗、种植、植保、收获、烘干、加工、农机维修、技术培训等专业化、一站式服务。

4. 完善相关政策保障

(1) 优化金融服务。引导金融机构加大对农业主体购置先进适用农机具的信贷投放力度，探索实施农机具相关的抵（质）押贷款，鼓励各地根据实际提高贴息力度和贷款额度。

(2) 加强人才支持。强化农业领域的人才、技术等资源集聚，通过引进培育一批农机专业人才，推动与农机企业、农业主体等开展结对合作，协同解决农机装备改良、农机化技术推广应用、农机化服务模式创新等方面的问题。

附件：

附件1　浙江省粮油产业机械化问题清单

附件2　浙江省粮油产业农机装备推广清单

附件3　浙江省粮油产业农机装备研发清单

附件 1

浙江省粮油产业机械化问题清单

<table>
<tr><th>序号</th><th>问题</th><th colspan="2">问题表现</th></tr>
<tr><td>1</td><td rowspan="2">基础设施建设落后</td><td colspan="2">土地流转力度不足。部分地区农民缺乏土地流转意愿，影响土地集中连片和改造，阻碍了机械化发展</td></tr>
<tr><td>2</td><td colspan="2">宜机化改造工作滞后。缺乏县域宜机化改造规划，工作未得到地方政府重视。此外，缺乏宜机化改造专业人才，特别是丘陵山区农田和园地改造不科学，改造成本高，影响了丘陵山区粮油机械的应用推广</td></tr>
<tr><td>3</td><td rowspan="11">先进适用农机装备研制落后</td><td rowspan="5">水稻</td><td>耕整机械落后，缺少耕整水平自动控制功能，打浆机、平地机械尚处于起步阶段</td></tr>
<tr><td>4</td><td>育秧工厂成套设备落后，供秧成为影响机插水平提升的主要因素</td></tr>
<tr><td>5</td><td>田间管理机械落后，缺乏丰产沟开沟机、田间除草机等</td></tr>
<tr><td>6</td><td>精准施肥技术、再生稻头季稻收割机械、烘干贮藏加工一体化成套设备等方面明显落后</td></tr>
<tr><td>7</td><td>适合丽水等丘陵山地应用的小型种植、收获、运输机械缺乏</td></tr>
<tr><td>8</td><td rowspan="2">油菜</td><td>油菜毯状苗高效移栽机械缺少，油菜种植茬口问题无法解决，移栽仍以人工为主</td></tr>
<tr><td>9</td><td>缺乏低损专用的油菜联合收割机，现有的油菜联合收割机主要是在稻麦联合收割机的基础上改进，收获损失率大</td></tr>
<tr><td>10</td><td rowspan="4">其他粮油作物</td><td>玉米和花生生产上缺少耕、开沟、种、施肥等复式作业机具和鲜食玉米、花生的收获机械</td></tr>
<tr><td>11</td><td>番薯生产上缺少适合浙江省丘陵山地应用的移栽、浇水、收获机具</td></tr>
<tr><td>12</td><td>马铃薯生产上缺少适合浙江省黏壤土质和丘陵山地应用的块茎种植、收获机械</td></tr>
<tr><td>13</td><td>油茶生产上缺少采果、烘干、脱壳等机械</td></tr>
<tr><td>14</td><td rowspan="4">先进农机化技术推广应用力度不足</td><td colspan="2">施肥技术落后。由于农民、机手认识和技能上的不足，导致基肥深施和机插同步侧深施肥技术未得到有效推广</td></tr>
<tr><td>15</td><td colspan="2">钵苗移栽技术落后。钵苗移栽技术具有明显增产效果，因整套移栽装备售价高，大面积推广难度大</td></tr>
<tr><td>16</td><td colspan="2">复式作业机械推广不足。小麦（油菜）耕、种（条播）、开沟、施肥复式作业的机具推广不足，无序直播造成小麦、油菜病虫害增加、产量和品质均难以提高</td></tr>
<tr><td>17</td><td colspan="2">社会化服务水平不高。缺乏专业服务组织，集中育供秧、烘贮加工一体化等具公益属性的社会化服务中心缺少，造成机插推广难度大，水稻产业链向加工端延伸慢，农民种粮收益难以提高</td></tr>
<tr><td>18</td><td>政策扶持力度不足</td><td colspan="2">农业设施用地瓶颈难以突破，农业主体存在投入回报周期长、无增值性等风险，政府在鼓励建设投入和作业服务奖励等方面缺少长期性政策</td></tr>
</table>

附件 2

浙江省粮油产业农机装备推广清单

<table>
<tr><th>序号</th><th>生产环节</th><th>需推广机械</th><th>需求程度</th></tr>
<tr><td>1</td><td rowspan="8">耕整地</td><td>农具悬挂动平衡系统</td><td rowspan="3">急需推广</td></tr>
<tr><td>2</td><td>水稻田打浆机、平地机</td></tr>
<tr><td>3</td><td>埋草机</td></tr>
<tr><td>4</td><td>秸秆粉碎还田机</td><td rowspan="5">需推广</td></tr>
<tr><td>5</td><td>反转灭茬机</td></tr>
<tr><td>6</td><td>铧犁</td></tr>
<tr><td>7</td><td>圆盘犁</td></tr>
<tr><td>8</td><td>联合作业耕整地机械</td></tr>
<tr><td>9</td><td rowspan="4">种植</td><td>播种设备</td><td rowspan="4">急需推广</td></tr>
<tr><td>10</td><td>育苗设施设备</td></tr>
<tr><td>11</td><td>移栽机械</td></tr>
<tr><td>12</td><td>直播机械</td></tr>
<tr><td>13</td><td rowspan="6">田间管理</td><td>丰产沟开沟机</td><td rowspan="2">急需推广</td></tr>
<tr><td>14</td><td>侧深施肥机（含种植同步侧深施肥）</td></tr>
<tr><td>15</td><td>自走喷杆式喷雾机</td><td rowspan="4">需推广</td></tr>
<tr><td>16</td><td>中耕除草机</td></tr>
<tr><td>17</td><td>农用植保无人机</td></tr>
<tr><td>18</td><td>厩肥施肥机</td></tr>
<tr><td>19</td><td rowspan="6">收获</td><td>高效低损稻麦联合收割机</td><td rowspan="3">急需推广</td></tr>
<tr><td>20</td><td>小型联合收割机</td></tr>
<tr><td>21</td><td>油菜联合收割机</td></tr>
<tr><td>22</td><td>番薯、马铃薯、花生、鲜食玉米收获机</td><td rowspan="3">需推广</td></tr>
<tr><td>23</td><td>杀秧机</td></tr>
<tr><td>24</td><td>油菜分段式收割机</td></tr>
<tr><td>25</td><td rowspan="6">产后</td><td>稻麦烘干贮藏加工成套设备</td><td rowspan="3">急需推广</td></tr>
<tr><td>26</td><td>金属粮仓，低温保鲜库</td></tr>
<tr><td>27</td><td>油菜籽、油茶果烘干机</td></tr>
<tr><td>28</td><td>低温烘干机</td><td rowspan="3">需推广</td></tr>
<tr><td>29</td><td>稻米加工成套设备</td></tr>
<tr><td>30</td><td>油菜籽、油茶果加工成套设备</td></tr>
</table>

（续）

序号	生产环节	需推广机械	需求程度
31	产后	油茶果脱壳机	需推广
32		番薯、马铃薯分级机	
33	智能农机装备	无人农机（含直线辅助行驶等农机）	急需推广
34		智能化育秧工厂成套设备	
35		作业实时监测终端	需推广

附件3

浙江省粮油产业农机装备研发清单

序号	生产环节	需研发机械	需求程度
1	动力机械	丘陵山区适用动力底盘	急需研发
2		智能高效中小型拖拉机（履带耕作机）	
3		农具悬挂动平衡系统	
4		中小型动力换挡拖拉机（履带耕作机）	
5	播种	水稻钵苗高速插秧机	急需研发
6		乘坐式小型插秧机	
7		油菜毯苗（钵苗）高速移栽机	
8		高速电驱式精量播种机	
9		高标准智能化育秧工厂成套设备	
10		水稻秧苗起盘设备	需研发
11		水稻制种专用插秧机、授粉机	
12		智能精准变量播种机	
13		马铃薯播种机	
14		番薯苗移栽机	
15	田间管理	连作晚稻的机插同步侧深施肥机	急需研发
16		乘坐式前置式水田机械锄草机	
17		水稻田丰产沟开沟机	需研发
18		其他粮油作物中耕除草机	
19		水稻机插同步侧深变量施肥机	
20		其他粮油作物侧深施肥机	
21		智能化对靶变量喷雾机	
22		智能自走式喷杆喷雾机	

（续）

序号	生产环节	需研发机械	需求程度
23	收获	再生稻头季稻收割机	急需研发
24		低损失率智能稻麦联合收获机	
25		高性能中小型稻麦、油菜收割机	
26		高性能番薯、马铃薯、花生、鲜食玉米收获机	需研发
27		油茶果收获机	
28	产后	油茶果烘干机	需研发
29	智能农机装备	全自主作业无人插秧机	急需研发
30		无人拖拉机	需研发
31		无人收割机	
32		无人植保机	
33		农田巡检机器人	
34		粮油作物生长专家系统	

专题三　浙江省蔬菜产业机械化发展研究报告

一、蔬菜产业基本情况

2020 年，浙江省蔬菜种植面积 1 134 万亩，产量 2 226 万吨，较 2019 年分别增长 1.5%和 3.1%（图 1），种植面积与产量分别占全国的 3.38%和 2.84%，处于全国中等地位。其中，叶菜类蔬菜种植面积 300 余万亩，西兰花种植面积 20 余万亩（约占全国的 1/5），番茄种植面积 28 余万亩（其中设施栽培占 70%以上）。

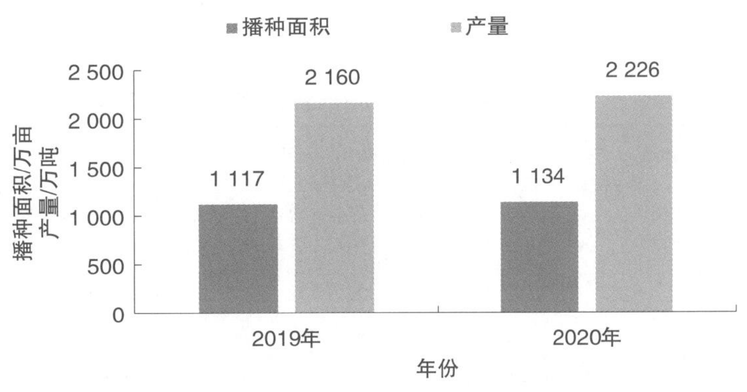

图 1　2019—2020 年浙江省蔬菜产业种植情况统计图
（数据来源：《2020 浙江省农业农村统计年报》）

二、蔬菜产业机械化基本情况

（一）总体情况

2020 年，全省蔬菜作物耕种收综合机械化率为 35.19%，比全国低 2.4%。其中，耕作机械化率比全国高 6.85%，但种植和收获环节的机械化率明显偏低，分别比全国低 21.54%和 3.29%（图 2）。

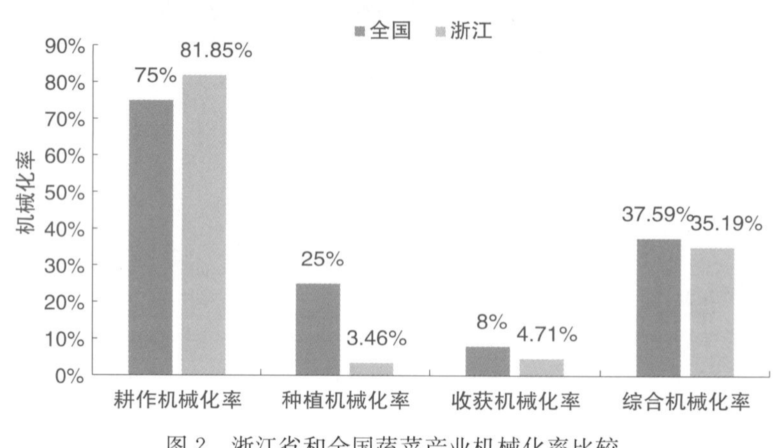

图 2　浙江省和全国蔬菜产业机械化率比较

（二）不同区域机械化基本情况

根据浙江省发布的《浙江省特色农产品优势区建设规划（2018—2022 年）》，浙江省蔬菜种类及其区域分布如表 1 所示。

表 1　浙江省蔬菜种类及区域分布

蔬菜种类	平原地区	丘陵地区	山区 26 县
甘蓝类（西兰花）	余姚、龙湾、乐清、路桥、温岭等	瑞安、上虞、三门、临海、庆元等	三门、庆元
瓜果类（草莓）	镇海、慈溪、乐清、嘉善、金东等	建德、奉化、长兴、衢江、临海等	衢江
根茎类（芦笋）	萧山、平湖等	长兴、富阳等	
水生类（茭白）	余杭、南湖、桐乡、德清、南浔等	文成、泰顺、磐安、衢江、缙云等	缙云、景宁、莲都、龙游、武义等

（续）

蔬菜种类	平原地区	丘陵地区	山区 26 县
茄果类（番茄）	镇海、慈溪、乐清、嘉善、金东等	瑞安、平阳、苍南、定海、黄岩等	平阳、苍南、莲都、永嘉、文成等
豆类（青毛豆）	萧山、余姚、慈溪、南湖、海宁等	临安、淳安、武义、天台、龙泉等	淳安、武义、天台、龙泉、遂昌等

全省平原地区与丘陵山区的蔬菜耕种收综合机械化率均不足 50%；平原地区蔬菜产业综合机械化率为 44.11%，丘陵山区为 30.07%，其中淳安、永嘉等山区 26 县仅为 27.64%。浙江省蔬菜产业不同区域机械化发展情况见图 3。

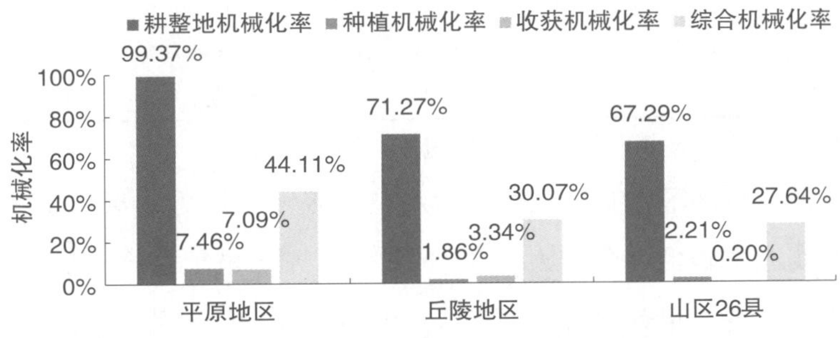

图 3　浙江省蔬菜产业不同区域机械化发展情况

（三）不同作物机械化基本情况

全省叶菜类、甘蓝类、瓜果类、根茎类、水生类、茄果类、葱蒜类、豆类八大类蔬菜耕整地环节机械化率较高，而种植和收获环节的机械化率普遍较低，如表 2 所示。

表 2　浙江省各类蔬菜机械化率情况（%）

蔬菜种类	耕整地机械化率	种植机械化率	收获机械化率	综合机械化率
叶菜类	68.02	2.04	1.87	28.38
甘蓝类	85.18	21.27	0.37	40.56
瓜果类	69.96	1.31	1.68	28.88
根茎类	57.08	3.59	3.24	24.88
水生类	43.62	0.92	14.47	22.07
茄果类	49.23	6.29	6.54	23.54
葱蒜类	95.24	21.89	79.93	68.64
豆类	87.23	8.30	17.64	42.67

（四）不同作业环节机械化基本情况

浙江省蔬菜产业各作业环节机械化程度差异较大，种植和收获环节机械的保有量远少于耕整地和田间管理环节（表3）。

表3　2016—2020年浙江省可用于蔬菜产业作业机具保有量

年份	耕整地机械/万台（套）	种植机械/万台（套）	田间管理机械/万台（套）	蔬菜收获机械/万台（套）
2016	61.431 8	0.062 9	229.527 7	0.001 5
2017	60.707 1	0.061 1	227.246 8	0.001 7
2018	60.980 7	0.068 4	218.487 3	0.002
2019	50.900 6	0.087 9	206.854 2	0.156 9
2020	53.773 3	0.111 3	205.200 5	0.145

注：本表数据由《浙江省农业机械化统计年报》分析得到。

耕整地和田间管理环节的机械化程度最高，机械化率分别为81.85%、67.53%。种植和收获环节机械化率很低，分别为3.46%和4.71%，是蔬菜产业机械化的短板所在。产后处理是蔬菜产业提质增效的关键环节，“公司＋农户”是浙江省蔬菜产业产后处理的主要模式，已形成杭州等地的叶菜类加工贮藏中心、台州等地的西兰花加工贮藏中心、慈溪和海盐等地的鲜毛豆加工贮藏中心等。

（五）主要蔬菜作物生产机械装备应用情况

叶菜类、甘蓝类、茄果类蔬菜在耕整地、田间管理、产后处理环节的机械装备较为成熟，应用较为广泛；而种植和收获环节的机械装备缺乏，应用较少（表4）。

表4　浙江省主要蔬菜作物生产机械装备应用情况

作业环节	机具名称	作业性能
耕整地	深翻机、灭茬机、旋耕机、开沟起垄机、田间管理机、微耕机、拖拉机带耕整机具等	主要用于耕地、起垄、松土、开沟、除茬等作业，其中田间管理等小型耕整地机械主要应用于设施蔬菜种植
种植	蔬菜精密播种机等	以精准化的播种量、株行距和播深进行作业的播种机，主要应用于叶菜类蔬菜种植
	穴盘精量播种流水线、半自动和全自动蔬菜移栽机等	育苗移栽可提高幼苗的成活率、耕地利用率、单产和作物品质，主要应用于茄果类、甘蓝类蔬菜种植

（续）

作业环节	机具名称	作业性能
田间管理	植保无人机、自走式喷杆喷雾机、担架式、电动喷雾机、智能水肥一体设备等	主要用于灌溉、施肥、施药等作业，其中智能水肥一体技术的应用面正逐年扩大，主要应用于设施蔬菜种植
收获	叶菜切割收获机、采收搬运平台等	叶菜类属于一次性收获作物，主要使用叶菜切割收获机，而甘蓝类、茄果类蔬菜属于选择性收获作物，以人工采收为主，采收搬运平台已进入应用推广阶段
产后处理	清洗机、分级机、包装机、保鲜库等	适用于叶菜类、甘蓝类、茄果类蔬菜的清洗、分级、包装作业，产地仓、低温保鲜库等贮运设施可以保证蔬菜品质、延长销售时间，需求呈扩大趋势

三、国内外蔬菜产业机械化发展现状

（一）国外蔬菜产业机械化发展情况

国外对蔬菜机械化生产技术与装备研究时间较长，已趋于成熟。日本和韩国非常重视农机科研人才的引进和培养，加强蔬菜生产领域的农机装备创新，播种、育苗、移栽、施肥、收获及产后处理等环节基本实现了机械化，并向自动化和智能化方向发展。日本非常重视土地流转、改良等的基础设施建设，通过机具共享建立社会化服务组织，开展不同规模的社会化服务。

（二）国内蔬菜产业机械化发展情况

山东省在安丘沃华大葱全程机械化及社会化服务为代表的蔬菜机械化发展模式下，在技术层面实现了大葱的丸粒化包衣、精量化播种、工厂化育苗、自动化移栽、集约化采收，在机制层面推动了“经营规模化、种植标准化、服务社会化、销售一体化、利益紧密化”。

江苏省在采收动力平台、蔬菜耕整地、穴盘育苗播种、节水灌溉、穴盘苗自动移栽、叶菜类收获等装备研发和产业化应用方面取得了显著进展；大力扶持“全程机械化＋综合农事”蔬菜综合服务中心建设，培育蔬菜机械化专业服务组织，支持蔬菜生产专业合作社、企业开展蔬菜机械化生产各环节的社会化服务。

上海市加大了财政扶持和保险金融服务力度，从 2020 年开始每年安排 1 500 万元专项财政资金用于绿叶菜产能提升，弥补因生产成本上涨造成的收益损失；对于按标准完成蔬菜大棚宜机化改造任务的农户，按每亩实际造价给予 70% 的补贴；从日本和意大利引进蔬菜生产机械，通过集中试验改良，已形成绿叶菜机械化技术路线模式及机具配套方案，并发布《绿叶菜主要机械化生产技术指导意见》。

四、蔬菜产业机械化存在问题

浙江省蔬菜生产区域分布广泛，区域间差异明显，特色蔬菜农产品优势区在基础设施建设、发展规模、区域集聚度等方面与机械化作业要求存在一定差距。

（一）基础设施建设落后

1. 土地流转力度不足

部分地区农民缺乏土地流转意识，影响土地集中连片和改造，阻碍了机械化发展。

2. 宜机化程度低

蔬菜种植规模普遍不大，田块面积小、不规则、不连片，存在“路难走、边难耕、头难掉”等问题；设施大棚存在进口过小、长度过短、肩高过低等问题及部分棚型跨度小于 6 米，不适合开展机械作业。

（二）先进适用农机装备研制落后

1. 耕整地环节

适合浙江省黏性土壤作业（耕作、移栽、地下收获）的机械较少。现有大田耕作机在作业平整度、细碎度等方面存在不足，设施大棚现有小型耕地机械在作业效率、质量方面比较差。

2. 种植环节

目前机械直播智能监测水平低，漏播风险较大，受种子丸粒化、排种精度和可靠性等关键技术制约。国产全自动移栽机技术普遍不成熟，以进口机型为主。嫁接与补苗仍然使用人工，嫁接机虽在尝试开发，但攻克难度较大。

3. 田间管理环节

国产灌溉机械性能普遍不稳定，滴孔易堵塞。

4. 收获环节

受生长环境、食用部位、成熟度一致性等因素制约，多数蔬菜机械只能通过辅助收获平台进行辅助收获，缺乏多种蔬菜收获机械，需要进行攻关研发。叶菜收获机械在浙江省尚处于起步应用阶段，菜用毛豆收获损失率仍较高，这些机械装备还有诸多关键核心技术需要攻克。

5. 采后处理环节

目前，产后分级、清洗、包装机械较少，仍以人工为主，生产效率低。

（三）先进农机化技术推广应用力度不足

1. 蔬菜种植技术推广不足

移栽受育苗质量（茎秆脆、易断、不直等问题）、耕整地质量、田块大小、移栽机械等因素制约，有效推广难度较大；覆膜直播、覆膜移栽技术未得到有效推广。

2. 田间管理技术推广不足

中耕除草机械未得到有效推广，目前以人工除草或使用除草剂为主。

3. 产地贮藏保鲜设施未普及

蔬菜收获后未能及时处理入库，损耗较大，如果集中上市又菜贱伤农。

4. 智能化技术推广不足

智能肥水一体化设备推广效果差，目前简易配肥方式仍为主流，浪费严重且利用效率低下；大棚设施物联网技术应用不足，多数调温、调湿、卷膜等仍采用人工方式，自动化和智能化程度低。

5. 社会化服务水平不高

专业社会化服务组织少、专业性差，面向小农户的农机社会化服务能力不足；规模化育苗中心数量少，供苗能力不足、效益差；蔬菜采后处理加工机械化水平不高，加工能力普遍不强，未能有效促进地方特色优势产业群形成。

6. 农艺农机融合度不够

存在同一蔬菜基地种植品种过多，农艺差别大，限制了农机装备的推广应用；同一蔬

菜品种因各区域间种植习惯差异大，未能形成适合农机作业的统一种植模式。

（四）政策扶持力度不足

目前，在为农户提供公共基础设施和服务方面的力度还不够大，需进一步完善用地、信贷等相关扶持政策。

五、蔬菜产业机械化发展对策

（一）总体目标

到 2025 年，全省蔬菜作物耕种收综合机械化率达到 55% 以上。其中，叶菜类蔬菜耕种收综合机械化率达到 51% 以上，甘蓝类蔬菜耕种收综合机械化率达到 55% 以上，茄果类蔬菜耕种收综合机械化率达到 44% 以上。到 2035 年，全省蔬菜作物耕种收综合机械化率达到 70% 以上，其中耕整地、种植、收获机械化率分别达到 90%、41%、74% 以上（表 5）。争取到 2025 年攻克西兰花、番茄等蔬菜作物的种植和收获技术难点，到 2035 年叶菜类、甘蓝类以及茄果类三大类蔬菜作物机械化率保持在国内第一梯队，力争蔬菜移栽机、收获机和智能农机装备等关键装备的研发应用水平与日本、韩国等国家基本一致。

表 5　浙江省蔬菜产业机械化发展目标

年份	耕整地机械化率（%）	种植机械化率（%）	收获机械化率（%）	综合机械化率（%）
2025	86	24	45	55
2035	≥90	≥41	≥74	≥70

（二）工作举措

1. 完善基础设施建设

（1）科学规划蔬菜产业区。根据各地蔬菜产业的资源环境、种植规模、集聚效应、品牌影响和发展潜力等因素统筹规划、科学布局特色蔬菜产业区域，推进蔬菜产业“一县一品”项目建设，加大土地流转力度，形成适合农机作业品种集中、规模集聚的蔬菜种植基地。

（2）推进蔬菜种植地块宜机化改造。根据不同区域的蔬菜种植模式、地形地貌、水土

环境等情况，制定宜机化改造方案和技术标准，推动地块小并大、短并长、陡变平、弯变直和互联互通，推进配套道路、水利等基础设施建设。

2. 加快农机装备创新研发

（1）加快研发适用耕整地机械。开展中小型拖拉机（履带式耕作机），带动平衡、动力换挡、宽轮距等适合不同作业要求的动力机械研发攻关，旋耕埋石起垄整平机尽快实现国产替代。

（2）加快研发适用种植机械。开展小粒种子膜上播种机、种子编织播种机、播种带播种机、智能监测精量播种机等播种机械研发；全自动蔬菜移栽机需要尽快实现国产替代，要适合黏壤土移栽；在茭白高速间苗机、茭白种植机、蔬菜苗嫁接机、自动苗盘补苗机等装备上要加强攻关力度。

（3）加快研发管理（施肥）机械。开展适合不同种类的中耕除草机（含智能除草机器人）、精准变量施肥机、蔬菜种植同步侧深施肥机、适合小田块和较薄残膜回收作业等机械装备的研发力度；微喷带要加快实现国产替代。

（4）加快研发收获及收获后处理机械。聚焦花椰菜、甘蓝、榨菜、芥菜、山药、芹菜、莴笋、茭白、辣椒（菜椒）、芋头、芦笋等根茎类、叶菜类、茄果类等蔬菜，开展相应品种的收获机械研发攻关；在西兰花切朵机、西兰花柄剥皮机、真空预冷机、减压保鲜设施设备等方面要加大研发力度。

（5）加快研发智能化农机装备（设施）。开展农业设施物联网智能管控装备研发，通过全程实时感知、智能决策、精准管控，实现农业生产环境信息采集和设备智能控制。加强无人作业蔬菜机械、适合不同蔬菜品种生长棚型的专用大棚设施研发。

3. 加大先进适用农机化技术推广应用力度

（1）加快耕整地机械推广。做好捡石机、火焰高温消毒机、起垄机、多功能田园管理机、灭茬旋耕机、深松机等机械装备的推广工作。

（2）加快种植机械的推广。做好精密蔬菜播种机、气吸滚筒式精量播种流水线、半自动和全自动蔬菜移栽机、覆膜移栽、直播机等机械装备的推广工作。

（3）加快田间管理（施肥）机械推广。做好撒肥机（牵引式、自走式等）、中耕除草机、培土机、高效植保机、大棚设施内管道式喷雾机（含臭氧消毒）、悬挂式轨道喷雾机（大棚设施内）、智能化肥水一体化设备、粉碎还田机、反转灭茬机、残膜回收机等机械装备的推广工作。

(4) 加快收获机械推广。做好叶菜收获机（土上、土下）、辅助收获平台（自走式、轨道式等）、菜用毛豆收获机、榨菜收获机及其他蔬菜收获机等机械装备的推广工作。

(5) 加快产后处理机械推广。做好贮藏保鲜设施（保鲜冷库、气调保鲜库等）、初加工和包装设备（清洗、分级、切丁、切朵等）、烘干设备等机械装备的推广工作。

(6) 加快智能化农机装备推广。做好智能化育秧工厂成套设备、智能化物联网控制系统（可远程控温、控湿、遮阳等）等机械装备的推广工作。

(7) 加强农艺农机融合技术的推广。农机部门要协同农艺部门加强农机与农艺技术的攻关，研究提出农艺农机融合的相关标准和主推技术，并建立农艺农机融合示范基地。

(8) 做大做强社会化服务。根据蔬菜产业区域分布实际，加强规划引导和资源整合，科学合理布局农机服务主体，建设区域性农机综合服务中心，支持开展集农机作业、统防统治、集中育苗、加工贮存、农机租赁、农机维修、产销对接等产前产中产后“一站式”服务。

4. 完善相关政策保障

(1) 优化金融服务。引导金融机构加大对农业主体购置先进适用农机具的信贷投放力度，探索实施农机具相关的抵（质）押贷款，鼓励各地根据实际提高贴息力度和贷款额度。

(2) 加强人才支持。强化农业领域的人才、技术等资源集聚，通过引进培育一批农机专业人才，推动与农机企业、农业主体等开展结对合作，协同解决农机装备改良、农机化技术推广应用、农机化服务模式创新等方面的问题。

附件：

附件 1　浙江省蔬菜产业机械化问题清单

附件 2　浙江省蔬菜产业农机装备推广清单

附件 3　浙江省蔬菜产业农机装备研发清单

附件 1

浙江省蔬菜产业机械化问题清单

序号	问题领域	问题表现
1	基础设施建设落后	土地流转力度不足。部分地区农民缺乏土地流转意识，影响土地集中连片和改造，阻碍了机械化发展
2		宜机化程度低。蔬菜种植规模普遍不大，田块面积小、不规则、不连片，存在“路难走、边难耕、头难掉”等问题；设施大棚存在进口过小、长度过短、肩高过低等问题及部分棚型跨度小于 6 米，不适合开展机械作业
3	先进适用农机装备研制落后	耕整地环节：适合浙江省黏性土壤作业（耕作、移栽、地下收获）的机械较少。现有大田耕作机在作业平整度、细碎度等方面存在不足，设施大棚现有小型耕地机械在作业效率、质量方面比较差
4		种植环节：机械直播智能监测水平低，漏播风险较大，受种子丸粒化、排种精度和可靠性等关键技术制约。国产全自动移栽机技术普遍不成熟，以进口机型为主。嫁接与补苗仍然使用人工，嫁接机虽在尝试开发，但攻克难度较大
5		田间管理环节：国产灌溉机械性能普遍不稳定，滴孔易堵塞
6		收获环节：受生长环境、食用部位、成熟度一致性等因素制约，多数蔬菜机械只能通过辅助收获平台进行辅助收获，缺乏多种蔬菜收获机械，需要进行攻关研发。叶菜收获机械在浙江省尚处于起步应用阶段，菜用毛豆收获损失率仍较高，这些机械装备还有诸多关键核心技术需要攻克
7		采后处理环节：产后分级、清洗、包装机械较少，仍以人工为主，生产效率低
8	先进农机化技术推广应用力度不足	蔬菜种植技术推广不足。移栽受育苗质量（茎秆脆、易断、不直等问题）、耕整地质量、田块大小、移栽机械等因素制约，有效推广难度较大；覆膜直播、覆膜移栽技术未得到有效推广
9		田间管理技术推广不足。中耕除草机械未得到有效推广，目前以人工除草或使用除草剂为主
10		产地贮藏保鲜设施未普及。蔬菜收获后未能及时处理入库，损耗较大，如果集中上市又菜贱伤农
11		智能化技术推广不足。智能肥水一体化设备推广效果差，目前简易配肥方式仍为主流，浪费严重且利用效率低下；大棚设施物联网技术应用不足，多数调温、调湿、卷膜等仍采用人工，自动化和智能化程度低
12		社会化服务水平不高。专业社会化服务组织少、专业性差，面向小农户的农机化社会化服务能力不足；规模化育苗中心数量少，供苗能力不足、效益差；蔬菜采后处理加工机械化水平不高，加工能力普遍不强，未能有效促进地方特色优势产业群形成
13		农艺农机融合度不够。存在同一蔬菜基地种植品种过多，农艺差别大，限制了农机装备的推广应用；同一蔬菜品种因各区域间种植习惯差异大，未能形成适合农机作业的统一种植模式
14	政策扶持力度不足	为农户提供公共基础设施和服务方面的力度还不够大，需进一步完善用地、信贷等相关扶持政策

附件 2

浙江省蔬菜产业农机装备推广清单

序号	生产环节	需推广机械	需求程度
1	耕整地	捡石机	需推广
2		旋耕埋石起垄整平机	急需推广
3		深松机	需推广
4		起垄机	需推广
5		灭茬旋耕机	需推广
6		火焰高温消毒机	需推广
7		多功能田园管理机	需推广
8	种植	精密蔬菜播种机	需推广
9		气吸滚筒式精量播种流水线	需推广
10		半自动蔬菜移栽机	急需推广
11		全自动蔬菜移栽机	急需推广
12		覆膜移栽/直播机	急需推广
13	田间管理	撒肥机	需推广
14		中耕除草机	急需推广
15		高效植保机械	需推广
16		管道式喷雾机	需推广
17		智能化肥水一体化设备	急需推广
18		粉碎还田机、反转灭茬机	需推广
19		残膜回收机	需推广
20	收获	叶菜收获机	急需推广
21		辅助收获平台	急需推广
22		菜用毛豆/榨菜收获机	急需推广
23	产后处理	贮藏保鲜设备	急需推广
24		初加工设备	需推广
25		烘干设备	需推广
26	大棚设施	高标准大棚	急需推广
27		配套设施装备	急需推广
28		运输设施装备	需推广
29	智能化农机装备	智能化育秧工厂成套设备	急需推广
30		智能化物联网控制系统	需推广

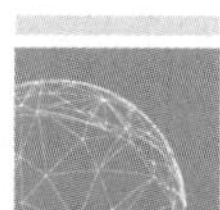

附件 3

浙江省蔬菜产业农机装备研发清单

序号	生产环节	需研发机械	备注
1	耕整地	中小型拖拉机	急需研发
2		旋耕埋石起垄整平机	需研发
3	播种	小粒种子膜上播种机	需研发
4		种子编织播种机	需研发
5		播种带播种机	需研发
6		智能监测精量播种机	需研发
7		全自动蔬菜移栽机	急需研发
8	种植	茭白高速间苗机	急需研发
9		茭白种植机	急需研发
10		蔬菜苗嫁接机	急需研发
11		自动苗盘补苗机	急需研发
12	田间管理	中耕除草机	急需研发
13		精准变量施肥机	需研发
14		蔬菜种植同步侧深施肥机	需研发
15		微喷带	需研发
16	收获及收获后处理	蔬菜收获机	急需研发
17		花椰菜加工设备	需研发
18		贮藏保鲜设施设备	需研发
19	智能化农机装备	农业设施物联网智能管控装备	急需研发
20		无人作业蔬菜机械	需研发
21		专用大棚	需研发

专题四　浙江省茶产业机械化发展研究报告

一、茶产业基本情况

茶叶作为浙江省茶叶主产区的重要经济支柱产业和优势出口创汇产业，在调整农业结构、增加农民收入等方面起到了重要作用。“十三五”期间浙江以“高效生态、特色精品”为目标，完成了茶产业、茶生态、茶经济、茶旅游和茶文化有机融合、协调发展的现代茶产业体系的基本构建。据 2021 年统计，全省茶园总面积、茶叶总产量、总产值分别为 307.7 万亩、19.8 万吨、259.6 亿元，亩均产值 0.84 万元；名优茶产量、产值分别为 10.5 万吨和 232.5 亿元，占全省总量的 53.0%和 89.6%。茶叶出口量 15.1 万吨，出口额 4.86 亿美元，分列全国第一位和第二位。形成了以绿茶（含白化、黄化品种绿茶）为主导，红、黑、青、黄，以及抹茶和花茶为补充的多茶类格局。目前，全省已形成以杭州、绍兴为核心的龙井茶优势产区，以湖州为核心的白化茶优势产区，以丽水、温州为核心的早茶优势产区，以及开化、武义为代表的其他特色茶产区等 4 个茶叶优势区域。

二、茶产业机械化现状

（一）不同区域机械化现状

1. 茶产业区域空间分布

根据中国农业科学院有关研究，浙江省茶园根据地形地貌，大体分为 3 类：一是茶园位于坡度 15°以下的相对平坦地区，面积占 15%～20%；二是茶园在坡度大于 30°的山上，面积占 60%以上；三是茶园介于二者之间，坡度在 15°～30°，面积占 20%～25%。浙江省主要茶叶种类及其空间分布见表 1。

表 1　浙江省主要茶叶种类及其空间分布情况

茶叶品种	区域类型		
	平原县（市、区）	山区县（市、区）	丘陵县（市、区）
龙井茶	萧山、余杭、西湖（风景名胜）、滨江、越城、柯桥、上虞、诸暨	桐庐、淳安、建德、富阳、临安、嵊州、新昌、天台、磐安、东阳	
香茶	衢江、临海、莲都	武义、开化、仙居、龙泉、云和、遂昌、松阳、景宁	宁海、江山、龙游
早茶	乐清、苍南	永嘉、文成、泰顺	
白化茶	吴兴	安吉	长兴

2. 地形地貌是影响茶园生产机械化的重要因素

从农业机械化角度来说，2°～6°缓坡地与 2°以下平耕地没有什么区别，6°～15°的丘陵地适宜于中小型农机具作业，15°～25°的坡耕地只适宜于微小型农机具作业；25°以上陡坡地则不宜开发耕地，应作为生态保护地。浙江省现有 60%以上茶园处于不适于开发改造的陡坡地，有 20%左右茶园处于缓坡地，平坡地占比最小。所以，浙江省茶园生产机械基本以微小型为主，相对来说缓坡地机械装备的保有数量、种类结构、技术性能等方面均优于陡坡地，茶园机械装备与茶产业发展实际需求存在较大距离。

茶叶加工机械化程度没有明显的地域差别。

（二）不同环节机械化现状

全省可用于茶园生产管理的各类机械，2011—2021 年稳步发展。2011—2021 年浙江

省可用于茶园管理及采摘机械保有量变化见表 2。

表 2　2011—2021 年浙江省可用于茶园管理及采摘机械保有量变化

年份	耕作机械/万台	植保机械/万台（架）		修剪机/万台	采摘机/万台
		机动喷雾机	无人机		
2011	2.75	28.91	—	3.29	0.65
2012	3.51	29.89	—	3.91	0.72
2013	5.31	29.29	—	4.59	0.71
2014	6.45	29.59	—	4.81	0.73
2015	7.36	29.32	—	4.99	0.77
2016	8.36	29.39	—	5.11	0.78
2017	9.11	29.30	0.03	5.27	0.81
2018	10.14	28.93	0.06	5.56	0.92
2019	10.22	28.49	0.11	6.52	1.13
2020	10.54	28.81	0.24	7.29	1.30
2021	13.88	28.37	0.37	7.93	1.50

根据统计数据计算出 2021 年浙江省茶园生产综合机械化程度为 56.7%。茶园各环节机械化程度见表 3。

表 3　茶园各环节机械化程度

环节	中耕	施肥	植保	修剪	采收	转运	综合
机械化率/%	45.56	42.23	72.44	80.84	40.88	57.14	56.7

1. 耕作环节

茶园耕作包括耕整、中耕除草、开沟施肥等。目前，浙江省主要采用多功能田园管理机和微耕机等小型耕作设备完成耕作，茶园施肥大多与中耕除草等作业同步进行，采用开沟—施肥—覆土的作业方式。

2. 灌溉环节

茶园灌溉主要有喷灌、流灌等方法，并以喷灌最为常见。目前，茶园尚无专用灌溉设备，一般应用大田喷灌设备灌溉茶园，有移动式、半固定式和固定式 3 种。另外，使用自动化、智能化程度较高的喷滴灌系统的茶园数量逐年增加。

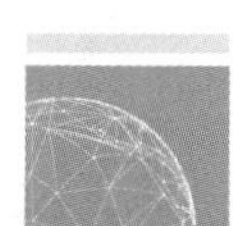

3. 植保环节

以担架式、无人机等植保机械为主，部分茶园使用机动气吸捕虫机。此外，物联网等信息技术开始应用于病虫害防治作业的病虫害监测。

4. 防霜环节

为消除寒潮天气给茶叶生产带来的不利影响，部分生产名优茶且规模较大的茶园使用高架防霜风机或是使用微喷系统来减轻寒潮天气对芽叶的霜冻害。大多数茶园在防霜环节还处于靠天吃饭的状态。

5. 修剪环节

广泛使用机动单人、双人修剪机、台刈机，以及电动单人修剪机。杭州市余杭区和金华市婺城区等地开始尝试引进跨行自走式茶树修剪采摘一体机在标准茶园进行修剪作业。

6. 采摘环节

大宗茶采摘普遍使用技术成熟的机动单人、双人采摘机械，跨行自走式大宗茶采摘机械在少数宜机化标准茶园应用。智能化采茶机器人尚在研发试验阶段。通过普通大宗茶采摘机采摘后对鲜叶分级的技术，在实际运用中效果也不理想。

7. 运输环节

平坡缓坡茶园通过道路修建，运输条件相对较好，多采用电动三轮车、汽车进行运输。山地轨道运输机在浙江省多数丘陵山地茶园已得到推广应用。

8. 加工环节

根据茶叶加工种类的不同，浙江省茶叶加工机械已从单台单机加工向清洁化、智能化成套加工设备方向发展，扁形茶、条形茶、红茶、安吉白茶、抹茶等加工流水线在浙江省较为普及。

（三）不同茶类加工机械化现状

按加工形式来分，浙江省主要茶类有名优茶、红茶、抹茶、大宗茶几大类。名优茶以绿茶为主，以龙井茶（扁形茶）、安吉白茶（直条形茶）为代表。

浙江省用于茶叶加工的机械设备，10 多年来稳步增长，产品性能也不断提升，至 2021 年末，全省拥有各类茶叶加工机械 46.22 万台（套）。各种茶类加工机械化水不断提高，总

体达到 95%以上。2011—2021 年浙江省茶叶加工各主要环节的机械保有量见表 4。

表 4　2011—2021 年浙江省茶叶加工各主要环节机械保有量

年份	杀青机/万台	揉捻机/万台	多功能理条机/万台	扁形茶炒制机/万台	其他机械/万台	自动化流水线/条
2011	1.64	1.86	5.36	17.41	2.24	—
2012	1.76	2.00	5.24	19.3	2.22	—
2013	1.91	2.10	5.51	20.72	2.38	—
2014	1.93	2.19	5.43	22.0	2.49	—
2015	1.97	2.22	6.02	23.85	2.53	—
2016	1.98	2.29	6.13	24.43	2.58	—
2017	2.01	2.33	6.20	24.43	2.37	209
2018	2.03	2.37	6.37	24.77	2.37	232
2019	1.91	2.40	6.52	24.40	2.27	503
2020	1.80	2.38	6.59	24.67	2.14	580
2021	1.93	2.40	6.72	24.66	2.36	558

浙江省茶机制造业处于全国领先地位，全省规模以上茶机生产企业有 50 余家，茶机种类 100 多种，各类茶机产量、销售额均占全国 70%以上。从名优茶加工到大宗茶制作机械，基本上适应于全国各种茶类的炒制。浙江省上洋茶叶机械有限公司、浙江丰凯机械股份有限公司、浙江川崎机械制造有限公司等知名茶机生产企业，主导和参与多个茶机机械行业标准制修订工作，进一步确立巩固了浙江省茶机制造业的龙头地位。

1. 扁形茶（龙井茶）

目前，扁形茶加工装备有单机和连续化生产线两种类型。单机设备有多槽式扁形茶（龙井）炒制机和长板式扁形（龙井）茶炒制机两种，连续化生产线设备是以长板式扁形（龙井）茶炒制机和多槽式扁形（龙井）茶炒制机为主机，配套加工茶叶输送、贮存、摊凉、称量、分配等辅助设备和单片机控制系统构成。2012 年发布实施龙井（扁形）茶浙江省地方标准《龙井茶加工技术规程》（DB33T 239—2012）并于 2021 年修订。

2. 直条形茶（安吉白茶）

从 20 世纪 90 年代尝试白茶机制，历时 30 多年，已形成较为成熟的安吉白茶机械化加工模式。通常应用的有摊青机摊青、连续式理条机杀青、风选机冷却风选、回潮机回软、连续式理条机理条整形，烘干机初烘、复烘提香等设备。2019 年发布团体标准《安吉白茶自动化加工成套设备》（T/ZJNJ 0007—2019）。

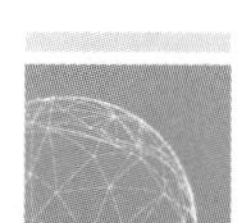

3. 工夫红茶

浙江工夫红茶加工现已实现可视化连续自动化加工，生产线设备有萎凋、揉捻、解块分筛、发酵和干燥，以及配套输送等设备和以单片机为主控制设备等，实现了揉捻时间自动化控制、加工状况可视、光补偿、控温控湿控时、连续化自动发酵、自动上下料等功能。2018 年发布实施工夫红茶浙江省地方标准《工夫红茶加工技术规范》(DB 33/T 2164—2018)。

4. 大宗茶

大宗茶加工包括毛茶的加工和精制。浙江省大宗茶以炒青绿茶为主，还有部分烘青绿茶，加工均已实现机械化自动化。炒青绿茶毛茶加工使用贮青槽贮青，滚筒式或锅式杀青机杀青，揉捻机揉捻，中二青用烘干机或筒式炒干机，三青使用锅式炒干机，炒干使用筒式炒干机等设备。烘青绿茶毛茶加工的杀青、揉捻与炒青基本相同，烘干分毛火、足火，采用烘干机械。毛茶精制使用平面圆筛机或抖筛机筛分，使用细胞式滚筒切茶机或辊切茶机切茶，送风式风选机风选，光电色选机和除杂设备除杂，循环链自动干燥机再干燥。

5. 抹茶

抹茶加工由碾茶和抹茶加工组成。浙江碾茶加工机械化自动化程度较高，普遍达到全程不落地连续化生产。杀青基本使用蒸汽杀青，部分使用滚筒或高温汽热杀青；干燥普遍使用掘井式砖块碾茶炉，部分使用箱式碾茶炉或烘干机烘干。普遍使用球磨粉碎装备研磨，部分使用气流式超微粉碎机、高频振动式超微粉碎机、电动石磨等设备。2020 年发布实施抹茶加工浙江省地方标准《抹茶加工技术规范》(DB 33/T 2276—2020)，并对抹茶前端原材料碾茶和绿片茶加工分别制订了《碾茶机械化加工技术规程》 (T/ZJNJ 010—2020)、《绿片茶机械化加工技术规程》(T/ZJNJ 011—2020)。根据抹茶加工对鲜叶质量要求，茶树品种一般选择龙井 43 和中茶 108 等，茶园遮阳采用遮阳网直接覆盖、草帘棚架覆盖、遮阳网棚架覆盖等方式，目前覆盖作业都由人工完成。

三、国内外茶产业机械化发展现状

(一) 国外茶产业机械化现状和主要做法

1. 国外茶产业机械化现状

国外茶叶主要生产国有日本、斯里兰卡、印度、越南等。这些国家中日本是当今世界

上唯一实现茶叶生产和加工全程机械化的国家，茶叶的栽培、田间管理、收获、加工等环节均已实现机械化生产。印度、越南、斯里兰卡等国家茶园管收和茶叶加工机械化水平仅相当于日本20世纪五六十年代的水平。

2. 日本政府推动茶叶机械化的主要做法

（1）财税政策。日本出台的《农机化促进法》《茶的振兴法》包含扶持茶叶机械化发展，对茶叶机械购置实施补贴政策，如购买茶园机械一般补贴50%，茶叶加工生产线补贴70%，其中中央政府补助50%，地方政府补助15%～20%。

（2）立法。出台《土地改良法》和针对丘陵山区《中山间地域等直接支付制度》等，对地块进行条块化、规格化平整，配套路、电、水等基础设施建设，以及维护实施补贴。为建设集中成片且便于各种茶园机械操作的标准规范茶园奠定了基础。

（3）出台农机农艺融合技术规范。按照茶树生长对土壤、肥料、水分、光照等环境要素需求，开展机械耕作、施肥、灌溉、修剪、植保等。通过育种技术选育出芽整齐的无性系良种茶树，规范种植标准，如统一茶树行距，茶蓬形式、尺寸，适应机械作业“一致性”要求。

（4）推动适宜装备研制。履带式液压茶园管理机已基本取代早期小型茶园机械，通过不同配置就能完成深耕、施肥、植保、修剪、采摘等作业，并向自动化、智能化发展。茶叶加工标准化程度高，茶叶加工基本上由高度自动化、连续化的生产线完成。

（二）国内茶产业机械化发展现状

我国茶叶品类多且种植范围广泛。2021年，全国18个主要产茶省份茶园总面积4 896.1万亩，可采摘面积4 374.6万亩。根据生态条件、生产历史、茶树类型、品种分布、茶类结构，全国划分为4大茶区：江南茶区、西南产区、华南产区、江北产区。目前，全国茶产业茶园管收机械化水平较茶叶加工低，茶叶加工已基本实现机械化，但茶园管收各环节机械化水平差异大。

（三）浙江省茶叶机械化发展与国内外差距

日本是茶叶生产和加工机械化程度最高的国家，与日本相比，浙江省的差距主要体现

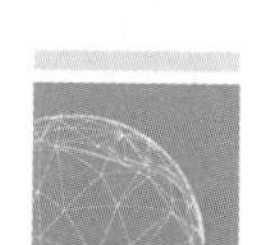

在以下几个方面。

一是适宜机型研发生产差距大。近年来，日本农业劳动力老龄化和女性化趋势明显，小型、轻便、容易操作、舒适性好、自动化程度高的农业机械研发生产加快，推动日本的农业机械向轻便化、自动化、智能化方向发展。而浙江省对丘陵山区适用小型机械的专门研发储备不足，适用机型少。

二是茶园宜机化水平差距较大。日本从 1949 年开始持续进行了多年土地改良计划。截至 2021 年，已经完成了 8 个土地改良计划，茶园大多改造为缓坡地，茶园内外道路完整，适合中型及以上高效机械作业。浙江省茶叶等丘陵山地产业的机械化作业水平仍远远落后于水稻等以大田作业为主的产业，土地条件是制约茶园机械化进一步发展的“瓶颈”。浙江省茶园大多处于坡度大于 25°的山坡地，没有经过园地改造，土地条件差，适用机械少，适用机型小，生产效率低。

三是茶叶种植标准化程度差距大。日本茶树栽培管理技术水平非常高，茶园行距规整、茶行笔直、茶蓬整齐，完全实现了机械化、标准化生产。茶园虽然由农户分散经营，但茶园集中成片，规模化程度非常高。浙江省由于茶叶种植历史悠久，种植模式各有不同，难以集中成片管理，标准化水平低。

四是茶叶加工品种差别较大。日本茶叶以蒸青茶、抹茶为主，对外形要求不高，采摘环节容易实现机械化。而浙江省以名优茶叶为主，特别注重采摘的外形，要求芽叶采摘，难以实现机械化，成为全程机械化的又一“瓶颈”。在加工方面，日本茶叶加工基本上都由高度自动化的蒸青生产线来完成，加工过程采用工业化管理。浙江省由于名优茶品种较多，加工模式差别较大，个性化需求多，连续化、自动化生产线较难推广，数字化技术更难集成。

自 2016 年浙江省启动农业“机器换人”示范工程以来，已创建茶产业“机器换人”示范县（区）11 个（淳安、泰顺、安吉、宁海、绍兴市柯桥区、嵊州、武义、开化、临海、松阳、缙云）、示范乡镇 24 个、示范基地 119 个，浙江省茶叶从生产到加工的各个环节机械化水平显著提高，茶叶机械化水平在国内排名第六，特别是机械修剪、大宗茶采摘、植保和加工机械化程度较高。由于浙江省茶产业中名优茶产量占本地茶叶产量的一半左右，采摘环节的机械化“瓶颈”，制约了浙江省全程机械化水平进一步提升。

四、茶产业机械化存在问题

（一）机器装备结构不平衡

总体来说，浙江省茶叶产业机械化存在四高四低问题，即：茶叶加工机械化程度高，茶园生产机械化程度低；植保、修剪等环节机械化作业水平高，耕作施肥、收获等环节机械化作业水平低；传统机械装备保有量高，智能化机械装备保有量低；茶叶加工单机普及率高，连续化、全自动流水线普及率低。具体表现在耕作施肥专用机械不足，适用机型少；小型手持式修剪收获机械噪声、劳动强度均较大，作业效率不高；名优茶采摘仍无机可用；灌溉设备、防霜机、轨道机等一些设备还处于推广初期；加工机械装备连续化加工生产线推广仍然偏少，且加工设备智能化、数字化程度不高。

浙江省茶机制造企业总体规模小，技术薄弱，研发投入少，高质量茶机产品研发制造不容乐观。总体存在三多三少问题，即：茶叶加工设备生产厂家多，茶园生产管理机械生产厂家少；生产通用型作业机械的多，专业开发茶园机械的少；名优茶加工生产线模块化设计多，但各企业都独立研发，没有统一的制造标准，通用性机械模块和零部件设计生产少。

（二）基础设施不够完善

由于自然条件的制约，茶园的沟、渠、路等基础配套比较困难，大多因陋就简，留下农机作业死角，造成农机通行难、作业难。茶园地块形状不规则、细碎分散，种植坡度较大，山地碎石多，没有完成基本的宜机化改造。基础设施的限制，导致只能使用种类不多的微小型茶园机械，没有条件满足中大型茶园机械的使用。

（三）农艺农机融合不够紧密

一是茶树种植管理不适应机械作业要求。茶树品种选育、茶树种植规格即行距株距和茶行长度、茶园内树木间种等没有从农机农艺融合角度充分考虑茶园机械作业要求。二是茶园管理标准化程度低。一方面，农艺标准更新不及时，对茶树管理环节的量化农艺标准不清晰，茶园机械作业不适应新的农艺要求；另一方面，机械化适用模式总结推广不足，茶园机械作业标准缺乏。三是加工机械与制茶工艺融合程度不高。茶叶加工某些环节机械性能达不到制茶

工艺要求，为提高效率，减少一些加工工序；一些工序或只注重外形，不注重内在品质。四是规模化程度低。茶叶生产经营仍以家庭分散经营为主，生产组织化和专业分工程度不高，茶园种植规模比较小，与农机高效作业对茶园地块集中连片的面积要求还有较大差距，影响茶园生产机械作业效率和使用范围。

（四）社会化服务滞后于产业发展

目前，以茶叶龙头企业统一收购加工销售和茶园植保飞防的社会化服务较多，专门从事茶园耕种管收环节机械化作业的服务组织较少。一些地方的茶叶专业合作社或企业利用茶叶加工设备开展茶叶鲜叶加工等社会化服务，但组织化程度低，还有很大的综合服务拓展空间。

（五）智能化技术应用薄弱

茶园管收机械自动化智能化程度不高。除植保无人机外，绝大部分作业机械需要较多人工操作，自动化、智能化机械应用少。智慧茶园建设处于起步阶段，基础设施较落后，网络光纤等安装、升级困难；灌溉设施简陋，水肥管网、沟渠不配套；缺乏数据采集装备和智能农机，数据接口不通用；数字化技术与茶园管理机械融合应用场景少等。

五、发展对策

（一）总体思路和发展目标

1. 总体思路

以创建国家丘陵山区适用小型机械推广应用先导区作为农机装备补短板主平台，以推进茶叶产业转型升级为主线，加大茶产业机械资金补贴和政策扶持力度，提高优化茶产业装备总量和结构；强化机耕道路和茶园基础设施建设，着力改善农机通行和作业条件；深入实施“机械强农”行动，加快茶园生产薄弱环节机械的研制、引进、示范、推广，补齐茶产业机械装备短板；大力扶持茶叶家庭农场、专业合作社、龙头企业、农机专业合作社等新型种植经营主体发展，创新茶叶农机作业社会化服务模式，全面提升茶产业装备、作业、服务和科技水平，助力高质量打造国家丘陵山区适用小型机械推广应用先导区。

2. 发展目标

到 2025 年，平原地区宜机化程度高的机采标准茶园生产实现全程机械化，丘陵山区茶

园关键环节机械化取得显著进展，在有一定基础的茶叶优势区域的茶园全程，或关键环节机械化实现“一年大突破、三年大跨越、五年创一流”总体目标。具体目标包括：

(1) 茶产业机械装备水平。茶叶生产和加工装备保有量稳步增长且结构不断优化，机械装备短板逐步补齐。

(2) 茶产业机械化水平。全省茶园生产和茶叶加工综合机械化水平达到65%，植保、修剪、大宗茶采摘和茶叶加工全面实现机械化，茶园耕作施肥、采摘机械化水平均达到50%，田间转运机械化水平达到60%。茶叶优势区域茶园生产和茶叶加工综合机械化水平达到75%，茶园耕作施肥、采摘、田间转运机械化水平分别达到60%、55%、65%，茶叶连续化加工机械化水平达到30%。

(3) 农机社会化服务水平。茶产业新型经营和农机服务组织不断发展壮大，区域布局更趋合理，服务内容和范围不断扩展。全省建成一批高标准茶叶生产农机服务中心。

(4) 茶产业机械化科技水平。物联网、大数据、5G等高新技术在茶园应用范围扩大，茶园机械数字化、智能化水平提升。加快自动化、连续化、智能化茶叶加工流水线推广，建成一批高水平茶园农机农艺融合示范基地。

(二) 主要措施

1. 研制浙江茶产业所需机械装备

以农机创新研究试验基地建设为依托，丘陵山区先导区、小型适宜机械研发推广一体化建设为主平台，结合浙江茶园立地条件和种植农艺，按照茶园生产农艺农机融合要求，研制一批具有“个体小轻化、使用灵巧化、功能多样化、技术高端化”等特点且适合丘陵山区的多功能、系列化茶园生产各环节作业机械，突破茶园作业环节瓶颈。

加快提升茶叶装备制造企业的技术创新能力。围绕茶产业发展和市场需求，通过资金补贴和财税、金融、茶机鉴定等政策扶持，引导浙江省茶叶装备生产企业增加研发投入，缩短研发周期。鼓励制造龙头企业，加强与省内涉农高等院校、科研机构联系合作，提升研发能力，加快浙江省茶叶装备研发以模仿跟踪和技术引进为主，向自主创新为主的转变。推动茶叶装备产业升级所需共性技术、关键技术、配套技术和工程化技术的创新研发。

2. 改善茶园机械化生产基础设施

组织土壤、农艺、农机、工程等多个领域的相关专家，按照“宜机化”要求修订或重

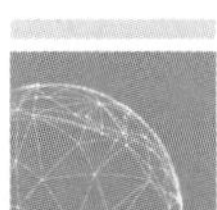

新制定茶园标准园建设标准，标准制定要充分考虑各种茶园机械作业行驶、田间掉头、水电使用，以及配套茶园道路，地头转弯空间等要求。在避免水土流失，保护生态环境前提条件下，对全省茶叶主产区内坡度在 25°以下坡耕地上茶园进行以“连通地块、消除死角、并小为大、调整布局、贯通沟渠、培肥土壤”为内容的茶园“宜机化”改造，进而保证茶园机械开得进去，用得起来。

根据浙江现有茶园立地条件，构建发展多样化茶园机械化技术模式。按照“动力平台+作业部件”构建 3 种茶园机械化技术模式：①陡坡型茶园。构建轻简型、复式多功能机械作业模式，推广轻简型、手扶式或其他便携式翻耕除草等各类茶园机械。②缓坡型茶园。构建小型低重心、乘驾型、单行机械作业模式，推广低地隙、单行、乘驾型、多功能茶园机械作业平台，配套旋耕机等各类复式茶园管理和采摘机具。③平坡型茶园。构建大型自动化、智能化高地隙跨行乘驾式的高效机械作业技术模式，推广大型乘驾型自动化、智能化多功能高地隙通用动力平台，配套旋耕机等各类复式茶园管理和采摘机具。

3. 加强茶园生产和茶叶加工的农艺农机融合

按照“茶理”和“机理”融合思路，以高水平农机农艺融合示范基地建设为契机，综合考虑茶园机械性能结构和作业要求，确定新建或改建茶园种植规格，即行距、茶蓬高度、茶蓬修剪形式等机械作业所需种植管理标准，选育适合机采茶树品种，满足机械对农艺的要求。按照有利于茶树生长明确茶园耕作、施肥、灌溉、植保、修剪等农艺要求，制定各环节机械作业标准，以适应农艺对机械的要求。

着力提高茶叶加工标准化水平。按照茶叶加工规模化、清洁化、连续化和数字化的发展要求，加强龙井（扁形）茶、工夫红茶、抹茶等茶叶机械化加工省地方标准与规范的宣贯，通过宣传加工标准与规范在保证茶叶质量的作用，提升企业执行茶叶加工标准与规范的意识。以省级标准化名茶厂和数字茶厂建设为契机，在重点茶区加快自动化、智能化茶叶加工装备与技术示范推广，鼓励支持茶叶加工企业建设连续化自动化加工生产线，同时利用自动化、数字化、智能化等高新技术提升改造现有茶叶加工装备，不断提升全省茶叶标准化加工水平。

4. 大力发展茶产业农机社会化服务

加大培育家庭农场、专业合作社、龙头企业等新型茶叶种植经营主体，推进茶园规模化经营。以高标准区域农机综合服务中心建设为依托，大力培育茶园新型农机作业社会化服务主体，开展茶园委托管理、病虫统防统治、肥料统配统施等服务，提高茶农组织化程

度。推广茶园机械作业订单服务，或单环节、多环节、全程的茶园生产托管等经营方式，以此为纽带为小户茶农或规模茶园经营主体提供茶园全程机械化或茶园部分关键环节作业托管服务，促进小户茶农和现代茶产业发展有机衔接。

5. 加快推进茶园生产管理机械化数字化智能化

建立智慧茶园平台，运用5G、大数据、云计算、物联网等高新技术实现茶园信息采集、茶园智能灌溉、施肥，茶园虫情信息实时监测等。

附件：

附件1　浙江省茶产业机械化问题清单

附件2　浙江省茶产业农机装备推广清单

附件3　浙江省茶产业农机装备研发清单

附件 1

浙江省茶产业机械化问题清单

序号	问题领域	问题表现
一、先进适用机器装备供给不足		
1	耕整地环节	机械耕深浅，易缠草，不适应免耕、土壤板结较严重和石子较多的茶园作业
2	施肥环节	缺少一次性完成开沟、施肥、覆土等多种作业功能的有机肥复式施肥机械
3	植保环节	传统植保机械用水量大，山地茶园植保时取水难
4	防霜环节	防霜机械一次性投入成本大，因气候原因使用率低
5	修剪环节	机动单（双）人修剪机械噪声大，作业效率不高，劳动强度大
6	采摘环节	机动单（双）人大宗茶采摘机械噪声大且效率低，劳动强度大。名优茶采摘机械空白
7	杀青环节	滚筒式杀青机热能利用率低、热均匀性差、能耗高，碾茶、蒸青茶制作蒸汽杀青机主要依靠进口
8	揉捻环节	自动加压、自动调控投叶量、不同茶叶原料需要采取不同揉捻工艺等方面自动化智能化程度低
9	发酵环节	发酵槽、发酵车和自动链板式发酵机等设备存在发酵品质不匀、供氧不充分、温湿度不易控制、难翻拌等问题
10	加工生产线	生产线加工连续化少且自动化程度低
二、基础设施不够完善		
11	地块不规则	山地茶园地块形状不规则、细碎分散，种植坡度较大，作业面较小或不平整
12	道路条件差	茶园内通行、作业道路不完善，茶园地头缺少机械作业转弯掉头空间
三、农艺农机融合不够紧密		
13	种植农艺	茶树种植行距株距、茶行长度、茶园内树木间种，茶蓬高度、茶蓬修剪形式没有充分考虑机械作业要求
14	作业标准	茶园管理农艺标准不健全，缺少依据茶园种植农艺标准制定的机械作业标准
15	加工工艺	缺少获得茶叶加工品质最佳的设备工艺参数
四、社会化服务滞后		
16	服务组织缺	没有专门从事茶园机械化作业服务的农机社会化服务组织，开展茶叶加工社会化服务的制茶企业数量不多
17	服务内容少	除茶园飞防植保和茶叶加工作业服务外，其他茶园生产管理机械化作业服务空白
五、智能化技术应用薄弱		
18	茶园机械自动化智能化低	除植保无人机外，绝大部分作业机械需要较多人工操作，自动化智能化的机械装备总体上处于研发阶段
19	茶园数字化技术应用少	运用物联网、5G、大数据等数字化技术构建的茶产业智慧种植服务平台与茶园机械融合应用场景很少
20	茶叶加工设备智能化低	茶叶连续化加工设备占比少且数字化、智能化水平低，总体上处于初级阶段

附件 2

浙江省茶产业农机装备推广清单

序号	生产环节	需推广机械	需求程度
1	耕整地	茶园管理机	急需推广
2		松土除草机	急需推广
3		茶园深松机	急需推广
4		履带式掘耕机	需推广
5	施肥	肥料撒播机	急需推广
6		低地隙茶园螺旋颗粒肥施肥机	急需推广
7	植保	物理捕虫机	需推广
8		喷雾机械	需推广
9		农用无人机	急需推广
10	修剪	茶树双面修剪机	急需推广
11		单人修剪机	需推广
12		双人修剪机	需推广
13		台刈机械	需推广
14		低地隙茶园蓬面及侧边修剪机	急需推广
15	防霜冻	防霜机	急需推广
16	灌溉	滴灌系统	急需推广
17		喷灌设备	需推广
18	收获	单人采茶机械	需推广
19		双人采茶机械	需推广
20		自走式采茶机械	急需推广
21	运输	轨道运输机	急需推广
22		茶园运输机	需推广
23	管理	茶园多功能作业平台	急需推广
24		数字化茶园监测系统	需推广
25		遮阳设施	需推广

（续）

序号	生产环节	需推广机械	需求程度
26	加工	扁形茶加工生产线	急需推广
27		毛峰（卷曲）茶加工生产线	急需推广
28		针（芽）茶加工生产线	急需推广
29		条形（炒青）茶加工生产线	需推广
30		曲毫（颗粒）茶加工生产线	需推广
31		兰花（朵）茶加工生产线	需推广
32		条红茶加工生产线	急需推广
33		安吉白茶加工生产线	急需推广
34		大宗茶加工生产线	急需推广
35		碾茶、抹茶加工生产线	急需推广
36	秸秆处理	碎枝机	需推广

附件 3

浙江省茶产业农机装备研发清单

序号	生产环节	需研发机械	需求程度
1	耕整地	茶园专用多功能管理机	急需研发
2		履带式无人驾驶茶园管理机	急需研发
4	施肥	自走式开沟施肥机	急需研发
5		坡地开沟施肥机	需研发
6	修剪/采摘	电动茶树修剪机（性能提升）	急需研发
7		手扶式茶园修剪采摘机（性能提升）	需研发
8		大宗茶小型自走式采茶机	急需研发
9		名优茶采摘机	需研发
10	管理	茶园多功能作业平台	需研发
11		智能化茶园管理系统	需研发
12	运输	履带式无人驾驶运输机（性能提升）	需研发
13	加工	蒸汽杀青机	急需研发
14		调味茶加工流水线（性能提升）	需研发
15		智能化茶叶烘干设备	急需研发

专题五　浙江省水果产业机械化发展研究报告

一、水果产业基本情况

水果是浙江省农业十大主导产业之一，在全省种植业中占有重要地位，是继粮食、蔬菜之后的第三大农作物。据2020年统计，全省水果种植面积31.885万公顷、产量474.29万吨、产值177.1亿元，占全省种植业总产值比重超过1/4、农业总产值比重接近1/5。目前，全省基本形成浙东南沿海常绿果树带、中西部山地丘陵特色水果带、浙北平原落叶果树带等三大水果产业带。在地区分布上，全省水果生产主要集中在台州、宁波、温州、杭州、金华等地，其中台州、宁波、温州3个地区的栽培面积约占全省一半。浙江省水果种类较多，主栽种类就有十几种。目前，全省种植面积、产量前5位的水果品种是柑橘、杨梅、葡萄、桃、梨。2020年，上述5种水果种植面积、产量占全省水果种植总面积、总产量的比重分别为81.59%、87.89%。主要分布情况见表1。

表 1　浙江省主要水果优势产区地域空间分布情况

水果品种	区域类型		
	平原县（市、区）	丘陵县（市、区）	山区县（市、区）
柑橘	苍南、柯城、衢江、椒江、黄岩、临海、莲都	象山、宁海、玉环、三门	建德、淳安、永嘉、常山、庆元
杨梅	余姚、慈溪、瑞安、上虞、定海、黄岩、临海、莲都	兰溪	文成、仙居、青田、缙云
葡萄	余姚、慈溪、鄞州、南湖、秀洲、海宁、海盐、桐乡、上虞、诸暨、金东、温岭	长兴、玉环	浦江
桃	慈溪、南湖、嘉善、金东、临海、莲都	奉化、长兴	富阳、桐庐、淳安、嵊州
梨	余杭、余姚、慈溪、秀洲、海宁	义乌	富阳、桐庐、文成、武义、天台、云和、松阳

注：详见 2019 年浙江省农业农村厅等部门发布的《浙江省特色农产品优势区建设规划（2018—2022 年）》。

二、水果产业机械化发展现状

（一）不同区域机械化现状

水果产业机械化包括果园生产机械化和采后商品化处理机械化。地形地貌是影响果园生产机械化的重要因素。从农业机械化角度来说，2°～6°缓坡地与 2°以下平耕地没有什么区别，6°～15°的丘陵地适宜于中小型农机具作业，15°～25°的坡耕地只适宜于微小型农机具作业；25°以上陡坡地则不宜开发耕地，应作为生态保护地，种树或种草。

经调查，目前浙江省柑橘、杨梅、梨、桃、葡萄等 5 种水果优势产区果园生产总体综合机械化水平为 34.53%，平原地区果园生产机械化程度总体上较丘陵山区高。

（二）不同种类水果机械化发展现状

1. 柑橘

红美人等中高端品种采用大棚设施栽培。据抽样调查数据测算，目前柑橘优势产区各环节机械化程度如下：中耕 36.58%、施肥 32.94%、植保 58.89%、修剪 19.56%、采摘 0、田间转运 46.82%，综合机械化程度 30.80%，设施化栽培面积占比 4%，部分设施大棚内部环境控制机械化、自动化水平较高。

2. 葡萄

以大棚种植为主。据抽样调查数据测算，全省葡萄优势产区各环节机械化程度如下：中耕81.61%、施肥92.31%、植保87.98%、修剪及采摘均为0、田间转运46.41%，综合机械化程度48.33%，设施化栽培面积占比88%，设施环境控制机械化总体水平较高。

3. 杨梅

据抽样调查数据测算，目前杨梅优势产区各环节机械化程度如下：中耕0、施肥0.14%、植保96.13%、修剪39.41%、采摘0、田间转运10.24%，综合机械化程度28.13%，设施化栽培面积占比0.5%，设施环境控制机械化总体水平很低。

4. 梨

主要采用露地种植方式。据抽样调查数据测算，目前梨优势产区各环节机械化程度如下：中耕90.33%、施肥5.15%、植保30.51%、修剪26.13%、采摘0、田间转运36.71%，综合机械化程度29.32%，设施化栽培面积占比0.7%，设施环境控制机械化总体水平不高。

5. 桃

据抽样调查数据测算，目前桃优势产区各环节机械化程度如下：中耕58.17%、施肥7.75%、植保32.44%、修剪44.04%、采摘0、田间转运60.53%，综合机械化程度32.53%，设施化栽培面积占比1.1%，设施环境控制机械化水平很低。

综上可知，不同种类水果之间各个环节机械化程度发展不平衡，中耕、植保、田间转运机械化程度普遍较高，其他环节机械化程度总体不高，采收机械化程度为零。

（三）不同作业环节机械化现状

1. 耕作环节

果园耕作包括耕整除草、开沟施肥等内容。目前，全省柑橘、杨梅、葡萄等果园主要使用与大田作业通用的多功能田园管理机和微耕机来完成，专用机械不足。通常果园耕整与施肥、除草等作业同步进行。

2. 施肥环节

根据果园施肥方式和所用肥料种类分，现阶段柑橘、杨梅、葡萄等果园施肥机械设备主要分为开沟施有机肥机械和水肥一体化滴灌设备两类。

3. 灌溉环节

果园灌溉主要有流灌、喷灌、滴灌等方法，并以流灌较为常见。少量果园使用自动化、智能化程度较高的喷滴灌系统。

4. 植保环节

果园病虫害防治作业主要使用手动式、机动或电动式、担架式、风送式喷雾机等多种类型地面植保机械，植保无人机在果园的应用逐年增加。物联网等信息技术开始应用于果园病虫害监测。

5. 除（割）草环节

柑橘、桃、梨等果园每年都要除草或割草1～2 次。目前，大多数果园采用机动手持式割草机，少量使用手推式、自走式割草机。

6. 修剪处理环节

目前，柑橘、桃、梨、葡萄等果树修剪以手动剪枝机为主，少量采用电动式、气动式剪枝机。各类果树剪枝后的枝条部分采用粉碎机进行碎枝处理。

7. 采摘环节

柑橘、桃、梨等采摘主要使用采摘辅助平台且平台有一定运输能力，果农借助平台登高采摘水果，现有极少果园使用四轮电动辅助平台。利用收获机械或机械手收获采摘果实尚处于空白，但已有科研院所研究。

8. 运输环节

柑橘、桃、梨、杨梅等果园尤其是丘陵山地果园，生产过程运送肥料和果实使用最多的是山地轨道车和电动三轮车，以及少量机动轮式和履带式运输车（表 2）。

表 2　2011—2020 年浙江省可用于果园生产环节机械装备保有量变化

年份	挖坑机/万台	果园耕作机械/万台	植保机械/万（架）		修剪机/万台	轨道运输机/万条
			机动喷雾机	无人机		
2011	0.025	1.73	21.18	—	0.10	—
2012	0.029	2.03	21.84	—	0.16	—
2013	0.041	2.47	21.30	—	0.38	—
2014	0.034	2.92	21.46	—	0.47	—
2015	0.033	3.33	20.70	—	0.56	—
2016	0.030	3.77	20.52	—	0.62	—

（续）

年份	挖坑机/万台	果园耕作机械/万台	植保机械/万（架）		修剪机/万台	轨道运输机/万条
			机动喷雾机	无人机		
2017	0.034	4.11	21.19	0.03	0.81	0.019
2018	0.035	4.51	21.19	0.06	0.86	0.086
2019	0.037	8.22	14.94	0.11	0.90	0.229
2020	0.036	10.54	14.84	0.24	0.92	0.377

注：植保无人机、轨道运输机于2017年起纳入《浙江省农业机械化统计年报》。

9. 水果采后环节

包括商品化处理和贮藏保鲜两个方面。目前，柑橘、桃、梨各类果园主要使用根据水果直径大小分级处理的机械，并有少量果园采用根据水果内外部品质分级的自动化检测分选装备。水果保鲜方法设施有多种，不同水果所用方法不同，杨梅常用低温冷藏、压差冷藏、气调保鲜等方式，而柑橘、桃、梨保鲜方法有低温冷藏或通风贮藏（表3）。

表3　2011—2020年浙江省水果采后分选机械和可用于水果保鲜设施保有量变化

年份	水果分级设备/万台（套）	水果机械分级作业量/万吨	水果冷藏保鲜装备设施	
			数量/万套	容积/万米^3
2011	0.101	—	0.43	192.21
2012	0.102	142.13	0.50	212.43
2013	0.117	137.53	0.53	244.70
2014	0.121	129.62	0.56	250.44
2015	0.146	127.72	0.58	260.81
2016	0.155	126.89	0.59	264.70
2017	0.145	123.91	0.60	273.18
2018	0.150	59.63	0.63	272.10
2019	0.154	61.25	0.63	279.74
2020	0.156	57.95	0.65	277.42

根据浙江省农机化统计报表数据和水果产量统计数据，估算得出2020年全省“柑橘＋梨＋桃”水果分级机械化程度为21.06%。水果保鲜水平则根据重点地区抽样调查数据，测算得出为7.10%。由此可见，浙江省水果采后处理水平整体不高。

三、国内外水果产业机械化发展及主要做法

（一）国外水果产业机械化现状和主要做法

1. 国外水果产业机械化现状

果园机械能减轻劳动强度、提高生产效率、节约劳动成本和提升经济效益，发达国家非常重视果园机械研制和应用。欧美等发达国家基于标准化果园的生产机械装备较成熟且产品种类齐全，意大利、日本在丘陵果园机械上有一定优势和应用基础。目前，欧美等发达国家果园生产机械化水平很高，正朝着自动化、智能化方向发展。

2. 主要做法

（1）政府支持水果机械化。欧美等发达国家使用政府投资、资金补贴、低息贷款等经济手段支持水果机械化，主要包括机械研发、机具购置的补贴或贷款贴息、农田基本建设等。如美国政府项目支持企业、研发机构、高校等多主体合作共同研发农机；日本对果农购置果园机械、宜机化改造、果品加工设备等予以资金补贴；法国、德国等国家以资金补贴方式支持农业机械合作社，如法国共同使用农业机械合作社（居马）、德国“农机环”的发展。

（2）实施果园标准化规模化生产。欧美发达国家果园按标准化的规模种植，行间空间宽敞，田边地头预留机械行走、掉头空间，大型农机具可在田间顺利通过。意大利、日本等国通过以地块条块化、规格化平整等为内容“宜机化”改造，实现果园标准化规模化生产。

（3）坚持农机农艺融合。建园时按照果园生产机械作业要求，确定果树种植的行距、株距和修剪树形大小规范；通过育种技术选育柑橘、葡萄等表皮较厚或用于加工处理的果实适应收获机械要求。按照果树规范化种植管理技术的要求，开展各环节机械作业。

（4）重视果园机械性能迭代升级。运用高新技术不断提升果园机械性能，实现机械更新换代。欧美发达国家利用风送、静电、循环、对靶等各种喷雾技术研制种类多样且性能先进的果园专用植保机械；将机器视觉、人工智能及相关领域技术结合，研制出果树智能化修剪机械；采用气力式振动、摇振式、接触式振动等原理研制各种振动式批量水果收获机械。

（二）国内水果产业机械化现状及主要做法

1. 全国机械化现状

我国是水果生产世界第一大国，水果品种多，种植范围广泛。果园按地形主要分为平原地区果园和丘陵山地果园，国内60%以上的果园分布在陕西、广西、广东、河北、四川、云南等以丘陵山地为主的省份，其中优质果园主要分布在川中、江南、两广、陕甘等以丘陵山地为主的地区。受立地条件、种植模式和农机供给的影响，2020 年全国果园机械化综合水平为25.59%，上海第1位（51.07%）、浙江第15位（27.01%）。

2. 主要做法

陕西、广西等水果大省份深入实施多维度宜机化行动，通过采取果园土地整治、果树种植农艺调整、果树树体管理改进等多种措施，从果园地块、果树种植农艺、果树树体管理方式等多维度融合角度实施果园宜机化行动，促进水果机械化生产发展。

重视水果机械装备研发，联合高校科研机构和企业根据当地不同水果品种的种植环境、农艺等研发果园管理和采后商品化处理机械装备，研制出果园耕作、开沟施肥、修剪、辅助采摘平台、运输等果园生产管理机械，基本上能够满足果园生产和水果采后商品化处理需求。同时，通过召开果园机械应用现场会，建立水果机械示范基地，加大对水果机械补贴力度等措施提高果农对果园管理、水果采后商品化处理等各环节机械的认知认可，促进水果产业机械的推广普及应用。

四、水果产业机械化存在问题

（一）机械装备不适应多维度发展需求

1. 区域维度下机械装备问题

（1）缺乏适应不同区域的机械装备体系。平坡、缓坡、陡坡立地条件下果园机械化生产对机械装备需求不同。平原地区平坡型果园因机械通行、作业环境条件好，需使用大中型机械装备才能获得较高的效率和效益；丘陵山区陡坡型果园需使用微小型机械装备，以适应窄小的通行路面和作业田块；缓坡型果园所需机械装备介于两者之间。目前，浙江省果园管理机械基本上以小型、微型为主，与水果产业发展实际需求存在较大距离。

(2) 不同区域机械装备发展不平衡。平原地区，总体上经济水平较高，农业劳动力用工价格较高，果园地理环境适应机械化作业，因而对水果产业发展使用机械装备较为迫切。丘陵山区，受机械适应性、果园经营规模、果农经济条件等制约，与平原地区存在较大距离，平原县（市、区）果园在机械装备的保有数量、种类结构及技术性能等方面均明显高于丘陵山区县（市、区）的果园。

2. 环节维度下机械装备问题

(1) 果园生产环节。①耕作。各类果园耕整机械的耕深达不到果园管理农艺要求且容易缠草，难以适应土地少耕土壤板结较严重和石头较多的果园的作业要求。②施肥。能一次性完成开沟、施肥、覆土等多种作业功能的有机肥复式施肥机械不适应丘陵山区果园立地条件和种植农艺。③灌溉。果园流灌简单，但水资源利用率较低。果园滴管投资大，对水的清洁度要求较高，易发生喷头堵塞等。④植保。机动、电动植保机械存在用水量较大、农药利用率不高、污染环境、农药残留、作业效率不高等问题。植保无人机无法有效喷施果树叶片背面及树冠内叶片。⑤花果管理。葡萄、梨、桃的疏花、授粉，以及疏果作业仅采用简单工具手工完成。⑥除（割）草。柑橘、葡萄等的果园采用机动手持式割草机作业劳动强度较大、效率不高。手推式、自走式割草机对丘陵山区果园立地条件和种植农艺适应性不强。⑦修剪。柑橘、葡萄等手动剪枝机劳动强度较大且作业效率低，而电动式、气动式剪枝机虽降低了劳动强度，但效率也不高。⑧采摘。缺少能够替代人工完成柑橘、葡萄等水果采摘机械或机器人。各种采摘辅助平台不适应丘陵山区果园地形环境和种植农艺。

(2) 水果采后商品化处理环节。①水果采后商品化处理。能够根据柑橘等水果外部品质和内部品质进行检测分级的自动化装备购置价格高，导致使用范围不广。②水果贮藏保鲜设施装备。水果保鲜某些方法如低温冷藏能耗较高，同时若温度控制不好会发生水果冷害和冷冻现象，造成水果商品性和食用价值丧失。

（二）农艺农机融合不够紧密

1. 果树种植模式多样

果园分散且不集中连片，规模比较小，生产组织化和专业分工程度不高，桃、梨、柑橘等的果园的种植模式多样，不同水果种类、不同种植模式（栽植密度、树形结构、花果

管理、病虫害防治等）、不同地域的土壤状况，对机械化生产的要求都不一样，从而影响各种果园机械在果园的通行和作业。

2. 现行的果树生产标准与机械化要求不匹配

果树的标准化生产是机械化的基础和前提。目前，浙江省针对不同果树种类、不同品种、不同生产模式制定了较为全面的生产标准，但缺乏机械化生产管理的相关内容和要求，导致一些果园机械作业质量不及人工。

3. 大棚设施结构不尽合理

目前，设施栽培已在葡萄、柑橘等种植中得到较广泛使用。但现有大棚设施结构不尽合理，对果树机械使用考虑不够，“农艺—农机—设施”融合程度低，在设施果园存在较普遍的果树机械“门难进、边难耕、头难掉、效难高”现象。

（三）社会化服务滞后于产业发展

1. 水果产业农机社会化服务组织缺乏

全省尚无专门从事果园机械化作业的农机社会化服务组织，仅有少数大田作物农机社会化服务公司为规模果园种植经营主体提供果树管理个别环节农机作业服务。少量大型水果生产专业合作社或企业为果农提供水果采后商品化处理和保鲜社会化服务。

2. 水果农机社会化服务内容少

目前，仅有一些飞防作业服务公司为果农提供植保作业服务，也有一些水果专业合作社或企业利用水果自动化处理设备、粉碎机为果农提供柑橘、桃、梨分级和枝条粉碎等社会化服务，但服务范围、规模都不大。

（四）智能化果园装备应用滞后

果园机械自动化智能化程度不高。果园耕作、植保、割（除）草、修剪等环节虽已基本机械化，但除植保无人机、水肥一体化、水果自动分级线外，绝大部分果园作业机械需要人工操作，自动化、智能化程度不高。果园管理数字化技术应用场景缺乏。运用物联网、5G、大数据等数字化技术构建水果产业智慧种植服务平台，通过数字化和机械化融合，实现果园机械作业的可视化、精细化、减量化、规范化，但目前数字化技术与果园管理机械能够融合应用场景较少。

五、水果产业机械化发展对策

（一）总体思路和总体目标

1. 总体思路

以加快推进水果产业转型升级为主线，以推动水果机械化向全程全面高质高效发展为目标，以“两融两适”为发展路径，加大果业机械购置补贴和扶持政策力度，提高果业装备总量，优化装备结构；强化机耕道路和果园基础设施建设，着力改善农机通行和作业条件；深入实施先进适用农机具研制推广行动计划，加快果园生产薄弱环节机械的研制、引进、示范、推广，补齐机械装备短板；大力扶持水果家庭农场、专业合作社、龙头企业、农机专业合作社等新型经营主体发展，创新水果农机作业社会化服务模式，全面提升水果产业装备、作业、服务和科技水平，助力高质量打造国家丘陵山区适用小型机械推广应用先导区。

2. 总体目标

到 2025 年，平原地区宜机化程度高的标准化规模化果园基本实现机械化，丘陵山区果园关键环节机械化取得显著进展，在某些具有一定基础的水果优势区域的果园全程或关键环节机械化发展实现“一年大突破、三年大跨越、五年创一流”目标。

(1) 水果产业机械装备水平。果园生产和水果商品化处理装备保有量稳步增长，装备结构不断优化，水果产业机械装备短板逐步补齐，其中果树修剪机达到 1.5 万台、山地轨道运输系统达到 1 万条、各类水果分级机达到 0.25 万台（套）。

(2) 水果产业机械化水平。规模化经营的大中型柑橘、葡萄、梨等的果园的中耕除草、植保、剪枝等环节基本实现机械化，机械开沟、翻耕等方式施肥水平达到 40%以上，山地果园田间机械转运水平达到 70%以上；果树设施栽培比例达 15%以上，其中葡萄设施化栽培的面积比例达到 90%以上。水果优势区域的“柑橘＋梨＋桃”水果采后经机械分选商品化处理综合水平达到 35%以上，柑橘、杨梅、葡萄等采后需要冷藏保鲜的产量比例达到 40%以上。

(3) 农机社会化服务水平。水果产业新型经营和农机服务组织不断发展壮大，区域布局更趋合理，服务内容和范围不断扩展。全省建成高标准水果生产农机化综合服务中心 35 个，建成 20 个含水果产业的综合性农业“机器换人”高质量发展先行县。

(4) 水果机械化科技水平。物联网、大数据、5G 等新技术在果园应用范围扩大，果园机械数字化、智能化水平提升。自动化、智能化水果商品化处理装备和贮藏保鲜设施数量明显增加，自主研制水果采摘装备取得显著突破。新建水果机械创新研究试验基地 10 个，高水平果园农艺农机融合示范基地 50 个。

（二）主要措施

1. 完善提升果园机械化生产基础设施

按照果园标准化种植和农机农艺融合的发展趋势，结合果园“宜机化”要求，研究制定适合浙江省的宜机化果园建设技术规范（或指引），推动以“连通地块、消除死角、并小为大、调整布局、贯通沟渠、培肥土壤”为内容的果园“宜机化”改造。标准制定要充分考虑各种果园机械作业行驶、田间掉头、水电使用，以及配套果园道路、地头转弯空间等要求。同时，将果园“宜机化”改造标准融入全域土地综合整治等相关标准，进而推动“宜机化”改造并解决“有机难用”问题。

2. 构建发展多样化果园机械化技术模式

根据浙江现有果园立地条件，按照“动力平台 + 作业部件”构建两种果园机械化技术模式：一是丘陵山区果园。构建轻简型、复式多功能机械作业模式，推广轻简型、手扶式或其他便携式翻耕除草等各类果园生产管理机械。二是平原缓坡果园。构建小型低重心、乘驾型、单行机械作业模式，推广低地隙、乘驾型、多功能果园机械作业平台，配套旋耕机等各类复式果园生产管理机械。

3. 深化果园管收农艺农机融合

以高水平农机农艺融合示范基地建设为契机，根据果园标准化生产要求，从果树品种、种植模式入手：一方面，选育与省力化、机械化相适应的矮化、少修剪、抗病虫害的水果品种，在新建或改建果园确定果树种植密度、省力化栽培管理树形，以适应机械作业要求；另一方面，农机部门根据不同品种、不同地块、不同管理模式科学制定相应各环节机械作业的技术标准和技术规范，通过农艺标准和农机标准有机结合，实现果树品种、栽培技术和机械装备的集成配套，从而建立果园机械化生产管理技术体系。

4. 研发适用浙江省水果产业所需机械装备

以农机创新研究试验基地建设和“尖兵”“领雁”计划实施为依托，结合浙江果园种

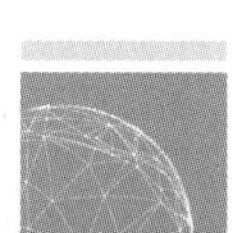

植环境、品种和农艺，按照果园标准化生产和农艺农机融合要求，研制一批具有“个体小轻化、使用灵巧化、功能多样化、技术高端化”等特点且适合丘陵山区的多功能、系列化果园管收机械，主要包括：具有浅耕、中耕、深耕多功能果园小型耕作机械，小型履带式集开沟施肥覆土等多种功能于一体施肥机械，小型遥控履带式高效植保机械，电动式果园田间运输机械，以及疏花授粉疏果机械、水果采摘机械或机器人，解决果园生产“无机可用”问题。

5. 推进果园生产管理机械化数字化智能化

运用5G、大数据、云计算、物联网等高新技术，建立果园虫情测报、土壤及水肥管理等功能智慧果园平台。露地种植果园通过自动采集和实时监测露地各类果园虫情信息，实现监控区植保信息的动态定位采集、数据自动上报、病虫害暴发区域准确预测，为果园植保作业提供支持；自动实时采集和处理果园大气温度、湿度、雨量、土壤湿度等信息，实现果园智能自动化灌溉、施肥定时定量控制，提高水肥利用率。设施栽培果园利用物联网技术、不同传感器节点和具有执行机构节点构成的无线网络来测量设施内土壤湿度、成分、pH，空气温湿度，光照，CO_2浓度等数据，通过模型分析自动调控温室环境、控制灌溉和施肥作业，为大棚等设施内果树生长提供最佳环境条件。

6. 大力发展水果产业农机社会化服务

加大培育家庭农场、专业合作社、龙头企业等新型水果种植经营主体，推进果园规模化经营，支持引进无损检测分级等智能化农机装备，提高水果产后商品化处理和贮藏保鲜设施水平，培育区域“名果”品牌，提升产业整体效益。以高标准区域农机综合服务中心建设为依托，大力培育果园新型农机作业社会化服务主体，开展果园委托管理、病虫统防统治、肥料统配统施等服务。推广果园机械作业订单服务，或单环节、多环节、全程的果园生产托管等经营方式，为中心周边的果农提供果园管理和水果采后商品化处理等机械作业社会化服务，打造一批模式优、机制好、效果佳的果园农机综合服务中心。此外，引导鼓励粮油农机社会化服务主体扩展服务领域内容，购置配备新装备，为果农提供相关社会化作业服务。

附件：

附件1　浙江省水果产业机械化问题清单

附件2　浙江省水果产业农机装备推广清单

附件3　浙江省水果产业农机装备研发清单

附件 1

浙江省水果产业机械化问题清单

序号	问题领域	问题表现
一、先进适用机器装备供给不足		
1	耕整地环节	机械耕深浅，易缠草，不适应免耕土壤板结较严重和石子较多的果园作业
2	施肥环节	缺少一次性完成开沟、施肥、覆土等多种作业功能的有机肥复式施肥机械
3	植保环节	传统植保机械用水量大，山地果园植保时取水难。无人机效果与防治要求存在差距
4	花果管理环节	葡萄、梨、桃的疏花、授粉，以及疏果作业机械缺乏，全部采用简单工具手工完成
5	割（除）草环节	手持式割草机作业强度较大且效率不高。自走式割草机效率高但不适应丘陵山区果园条件和种植农艺
6	修剪环节	电动式、气动式剪枝机作业效率均不高
7	环境调控环节	设施栽培柑橘、葡萄、杨梅、桃的大棚设施的环境调控设备智能化程度低
8	采摘环节	没有柑橘、葡萄等水果采摘机械或机器人。采摘辅助平台不适应丘陵山区果园地形和种植农艺
9	分选环节	根据水果尺寸分级的设备功能单一，根据水果内外部品质进行检测分级的自动化装备价格高
10	保鲜环节	某些保鲜方法，如低温冷藏，能耗较高且若温度控制不好会发生水果冷害和冷冻，丧失食用价值
二、基础设施不够完善		
11	地块不规则	丘陵山区果园地块形状不规则、细碎分散，种植坡度较大，作业面较小或不平整
12	道路条件差	丘陵山区果园通行、作业道路不完善，果园地头缺少机械作业转弯掉头空间
三、农艺农机融合不够紧密		
13	种植农艺	果树种植的行距、株距，果树一行长度的确定都没有考虑机械作业要求
14	树体管理	柑橘、葡萄、梨、桃等果树修剪，树形选择和培养等方面没有考虑机械作业具体要求
15	作业标准	果园管理农艺标准不健全，缺少依据果园农艺标准制定的机械作业标准
四、社会化服务滞后		
16	服务组织缺	没有专门从事果园机械作业服务的农机社会化服务组织，开展水果分选和保鲜社会化服务的组织数量不多
17	服务内容少	除果园飞防植保、水果分选保鲜作业服务外，其他果园生产管理机械化作业服务空白
五、其他方面问题		
18	机械自动化智能化低	除植保无人机外，绝大部分作业机械需要较多人工操作，自动化智能化的机械装备总体上处于研发阶段
19	机械作业质量标准缺乏	制定适应果园立地条件、水果品种、种植农艺多样复杂的水果机械作业质量标准体系基础薄弱、任务艰巨

（续）

序号	问题领域	问题表现
20	果园分散且不集中连片	浙江省水果生产经营仍以家庭分散为主，果园种植规模比较小，生产组织化和专业分工程度不高
21	果园数字化技术应用少	运用物联网、5G、大数据等数字化技术构建的水果产业智慧种植服务平台与果园机械融合应用场景少

附件 2

浙江省水果产业农机装备推广清单

序号	生产环节	需推广机械	需求程度
1	耕整地	多功能果园管理机	需推广
2		履带式耕作机械	需推广
3	管理	肥料撒播机	急需推广
4		水肥一体化设备	急需推广
5		肥料注入枪	急需推广
6		履带式无人驾驶植保机械	需推广
7		农用植保无人机	需推广
8		果园风送式喷雾机	急需推广
9		臭氧水消毒机	需推广
10		避障式割草机	需推广
11		乘坐式割草机	需推广
12		喷滴灌系统	急需推广
13		电动修剪机	急需推广
14		气动修剪机	需推广
15		套袋机	急需推广
16		碎枝机	需推广
17	采摘	辅助采摘平台	需推广
18	运输	轨道运输机	急需推广
19		履带式运输机	需推广
20		履带式搬运机	需推广
21	产后处理	水果分选机	急需推广
22		冷库设施	急需推广
23		真空预冷机	需推广

（续）

序号	生产环节	需推广机械	需求程度
24	设施	标准大棚	急需推广
25		山地大棚	急需推广
26		智能化物联网控制系统	急需推广
27		地面基站	需推广

附件 3

浙江省水果产业农机装备研发清单

序号	生产环节	需研发机械	需求程度
1	耕整地	果园专用拖拉机	急需研发
2	管理	果园专用管理机	急需研发
3		无人驾驶果园管理机	需研发
4		果园专用植保无人机	急需研发
5		疏花机械	急需研发
6		疏果机械	急需研发
7		套袋机械	急需研发
8	采摘	无损快速检测设备	需研发
9		采摘机器人	需研发
10		采摘辅助平台	急需研发
11	产后处理	智能化水果分级机	急需研发
12	运输	无人驾驶运输机	需研发
13	设施	智能山地大棚	需研发

专题六　浙江省畜牧业机械化发展研究报告

一、畜牧业基本情况

畜牧业在国民经济中占有非常重要的地位。近年来，浙江省不断推进标准化、绿色化、规模化、循环化、数字化、基地化“六化”建设，全力推动产业布局优化、发展层次提升、质量安全进阶、三产深度融合，畜牧业迈上高质量发展之路。据2021年统计，全省畜牧业产值为525.7亿元（可比价），占农业生产总值的14.6%；全年生猪出栏量773.91万头，年末生猪存栏量640.23万头，其中能繁母猪存栏量69.31万头；全年鸡出栏量20 312.27万只，年末鸡存栏量7 015.47万只；全年羊出栏量140.05万只，年末存栏量151.21万只；全年牛出栏量10.15万头，年末牛存栏量16.69万头。

（一）主要畜种养殖情况

参照浙江省畜牧部门统计档次界定标准，本报告按年出栏量或存栏量大小将养殖场划分为大型规模场、中型规模场、小型规模场和规模以下场 4 个不同规模水平，由于规模以下养殖场基本不具备机械化条件，因此后续没有纳入数据分析。具体划分标准见表 1，2021 年浙江省各地区主要畜种规模化饲养情况和规模以下饲养情况见表 2、表 3。

表 1　畜禽养殖场规模划分

规模类别	生猪出栏量/头	蛋鸡存栏量/只	羊年出栏量/只	奶牛存栏量/头
大型规模场	≥10 000	≥50 000	≥3 000	≥1 000
中型规模场	500～9 999	2 000～49 999	500～2 999	100～999
小型规模场	50～499	500～1 999	30～499	50～99
规模以下场	≤49	≤499	≤29	≤49

表 2　2021 年浙江省各地区主要畜种规模化饲养情况

地区	生猪		蛋鸡		羊		奶牛	
	场（户）	出栏量/万头	场（户）	存栏量/万只	场（户）	出栏量/万只	场（户）	存栏量/万头
杭州	955	111.22	295	566.81	728	19.52	6	0.69
宁波	316	83.08	67	171.26	313	5.31	7	0.91
温州	879	74.38	243	96.24	465	5.66	12	0.35
嘉兴	33	22.97	43	167.42	519	14.99	2	0.14
湖州	69	32.25	27	87.69	617	41.37	1	0.13
绍兴	607	76.52	52	28.60	326	5.58	1	0.50
金华	795	131.56	137	131.39	187	4.13	19	1.56
衢州	682	112.06	94	238.58	260	4.30	2	0.17
舟山	15	10.18	8	4.40	64	0.51	0	0.00
台州	899	50.86	85	70.59	301	3.56	4	0.14
丽水	481	55.70	70	79.82	351	4.70	0	0.00
全省	5 731	760.78	1 121	1 642.8	4 131	109.63	54	4.59

表 3　2021 年浙江省各地区主要畜种规模以下饲养情况

地区	生猪		蛋鸡		羊		奶牛	
	场（户）	出栏量/万头	场（户）	存栏量/万只	场（户）	出栏量/万只	场（户）	存栏量/万头
杭州	58 241	14.17	5 677	3.43	2 671	2.48	0	0.00
宁波	823	1.26	70	0.55	190	0.28	2	0.007
温州	6 388	6.56	7 250	34.08	5 691	6.54	28	0.044
嘉兴	0	0.00	12 482	7.41	50 719	25.32	0	0.00
湖州	4 525	2.03	258	0.78	6 044	5.33	2	0.001
绍兴	7 509	3.27	6 707	8.03	1 995	1.18	0	0.00
金华	3 366	1.95	1 473	5.49	1 376	1.07	10	0.013
衢州	9 601	2.37	317	3.30	610	0.93	3	0.001
舟山	0	0.00	556	1.89	127	0.12	0	0.00
台州	11 381	8.06	1 990	12.81	1 507	1.21	58	0.049
丽水	10 288	5.78	870	2.45	2 692	3.42	9	0.013
全省	112 122	45.45	37 650	80.22	73 622	47.88	112	0.128

（二）畜禽规模化养殖现状

依照表 1 的养殖场规模划分标准，浙江省不同规模养殖场（户）数量与养殖量占比情况如表 4 所示。

表 4　浙江省不同规模养殖场（户）数量与养殖量占比情况（%）

规模类别	生猪		蛋鸡		羊		奶牛	
	场（户）	出栏量	场（户）	存栏量	场（户）	出栏量	场（户）	存栏量
大型规模场	2.55	42.21	7.14	59.80	1.40	32	9.64	67.36
中型规模场	31.34	49.19	49.33	37.12	7.09	31.71	17.47	28.59
小型规模场	66.11	8.60	43.53	3.07	91.5	36.29	72.89	4.05

由表 4 可见，占规模化养殖场（户）总数 66.11%的小型规模生猪养殖场（户）的生猪出栏量仅为全省生猪规模化养殖出栏量的 8.6%，而占全省生猪规模化养殖场（户）总数 2.55%的大型生猪养殖场占全省生猪规模化养殖出栏量的 42.21%。占规模化养殖场

（户）总数 43.53%的小型规模蛋鸡养殖场（户）的蛋鸡存栏量仅占全省规模化蛋鸡总存栏量的 3.07%。占规模化养殖场（户）总数 1.4%的大型羊场（户）的出栏量占全省羊规模化总出栏量的 32%。

由图 1 可知，猪场年均出栏量，舟山 8 413 头（最高），金华 3 517 头，丽水 2 349 头（最低）；蛋鸡场常年存栏量，宁波 59 344 只（最高），杭州 27 367 只，温州 8 689 只（最低）；羊场年均出栏量，湖州 1 368 只（最高），舟山 136 只（最低）；奶牛场年均存栏量，绍兴 4 950 头（最高），金华 860 头，丽水、舟山无规模奶牛养殖场。

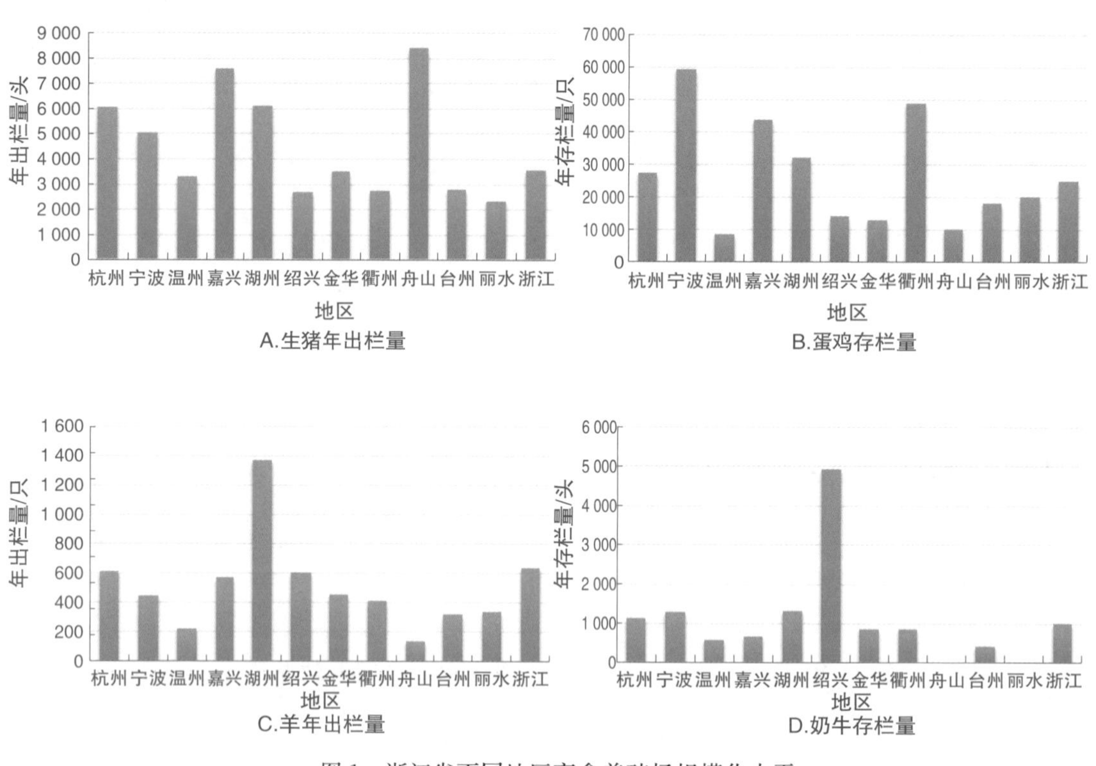

图 1　浙江省不同地区畜禽养殖场规模化水平

二、畜牧业机械化现状

为了全面掌握浙江省畜牧业机械化现状，本报告分析了省内 1 619 家养殖场，其中生猪1 090家、蛋鸡 270 家、湖羊 215 家、奶牛 44 家。按地区划分，各主要畜禽养殖场分布见表 5。

表 5　2021 年浙江省各地区养殖场（户）数量（个）

地区	生猪养殖场（户）	蛋鸡养殖场（户）	湖羊养殖场（户）	奶牛养殖场（户）	总计
杭州市	158	90	37	5	290
宁波市	125	17	24	8	174
温州市	144	19	9	8	180
嘉兴市	16	33	56	2	107
湖州市	30	8	64	1	103
绍兴市	137	8	5	1	151
金华市	137	40	5	7	189
衢州市	138	15	3	1	157
舟山市	13	1	1	—	15
台州市	91	20	3	8	122
丽水市	101	19	8	3	131
全省	1 090	270	215	44	1 619

调研数据显示，生猪养殖场数量约占调研养殖场总数的 67.3%，蛋鸡养殖场占比约为 16.7%，湖羊养殖场占比约为 13.3%，奶牛养殖场占比约为 2.7%。

（一）畜牧业机械化水平

农业农村部《畜牧业机械化评价指标体系》未将环保和数字化等环节设备纳入，因而本报告参照《农业行业标准农业机械化水平评价》第 2 部分——畜牧养殖，增加了臭气收集与处理、病死动物收集与处理、数字化管控 3 个环节。浙江省畜牧业机械化水平见表 6。

表 6　浙江省畜牧业机械化水平（%）

养殖主要环节	生猪	蛋鸡	湖羊	奶牛	环节整体机械化水平
饲（草）料生产与加工（A1）	100	100	75	89	88.1
饲喂与饮水（A2）	59.5	63	53.4	73.5	68.2
粪污收集与处理（A3）	53.1	42	22.2	73.5	62.7
通风与环境控制（A4）	59.2	64.8	27.9	69.7	61.9
畜产品采集（A5）	100	72.5	51.3	88.4	74.4

（续）

养殖主要环节	生猪	蛋鸡	湖羊	奶牛	环节整体机械化水平
臭气收集与处理（A6）	23.3	14.6	6.8	16.0	15.6
病死动物收集与处理（A7）	52.8	15.8	27.1	35.8	36.6
数字化管控（A8）	33.6	22.0	17.1	48.8	41.7
畜牧整体机械化水平（A）	74.4	71.7	47.2	78.9	61.5
畜牧整体机械化水平（B）	65	58.1	39.9	66.8	57.5

注：畜牧机械化水平（A）根据《畜牧业机械化评价指标体系》的计算方式得出；畜牧机械化水平（B）在《畜牧业机械化评价指标体系》的计算方式基础上增加了臭气收集与处理、病死动物收集与处理、数字化管控3个环节。下文所有机械化水平，均为畜牧机械化水平（B）计算方式。

2021年，浙江省农业农村厅发布的《浙江省2020年度农业机械化综合评价报告》中全省畜牧机械化程度为43.4%，高于全国畜牧机械化水平7.4%。2021年，全省畜牧机械化水平达到61.5%，同比2020年提升了18.1%，领先于全国平均水平（排名第5）。

（二）不同养殖区域机械化现状

针对浙江省主要畜种在不同区域分布的差异性，重点分析了生猪、蛋鸡、湖羊和奶牛养殖总量全省排前3名的县（市、区）畜牧业机械化水平。畜禽养殖重点区域机械化水平如下表7所示。

表7　畜禽养殖重点区域机械化水平

畜种	所在区域	出栏量或存栏量/万头（只）	饲（草）料生产与加工/%	饲喂与饮水/%	环境控制/%	粪污收集与处理/%	畜产品采集/%	臭气收集与处理/%	病死动物收集与处理/%	数字化管控/%	畜牧机械化水平/%	规模水平/头（只）
生猪	龙游	47.9	100	37.5	58.1	27.5	100	3.75	21.8	30	52.5	1 178
	衢江	33.6	100	41	45.2	43.7	100	5.5	98.4	22.9	61	4 735
	兰溪	32.6	100	80	80.5	44	100	40	100	40	76.7	2 680
蛋鸡	建德	455.4	100	92.3	98.8	68.9	84.1	1.5	3.9	20.5	69	29 551
	江山	123.6	100	100	100	50	20.9	30	0	0	62.6	20 000
	兰溪	112.2	100	49.7	48.5	9.2	11.9	1	7.6	9	38.6	6 921
湖羊	桐乡	23.4	83.6	62.3	29.4	28.4	96	7.3	44.1	32.3	51.1	275
	南浔	18.6	74.8	76.7	49.3	50	0	15.7	22.9	17.6	46.1	897
	长兴	12.1	73.6	74.3	54.7	48.6	0	31.0	100	36.8	56.3	674

（续）

畜种	所在区域	出栏量或存栏量/万头（只）	饲(草)料生产与加工/%	饲喂与饮水/%	环境控制/%	粪污收集与处理/%	畜产品采集/%	臭气收集与处理/%	病死动物收集与处理/%	数字化管控/%	畜牧机械化水平/%	规模水平/头（只）
奶牛	婺城	0.74	95	100	100	95	95	20	35	70	81.8	432
	越城	0.49	100	100	100	100	100	100	0	100	90	4 950
	金东	0.48	96	100	100	100	96.9	16.6	33.3	66.6	82.2	113

浙江省各市不同畜种机械化水平也存在区域差异，详见表 8。

表 8　浙江省各市不同畜种机械化水平（%）

地区	生猪	蛋鸡	湖羊	奶牛	总计
杭州市	75.9	71.1	63.6	86.2	78.9
宁波市	76.3	72.0	39.0	45.9	67.4
温州市	61.1	46.5	34.4	68.5	55.7
嘉兴市	90.3	53.5	25.5	73.4	66.3
湖州市	65.5	57.6	37.5	76.6	67.0
绍兴市	51.9	41.1	50.1	58	50.9
金华市	70.6	46.0	34.1	75.8	64.3
衢州市	62.1	65.4	40.7	61.6	45.2
舟山市	74.1	71	47	—	60.2
台州市	39.1	52.3	50.2	41.9	34.2
丽水市	73.9	74.2	27.6	64.1	54.3
全省	65	58.1	39.9	66.8	57.5

由表 8 可以看出，浙江省各地区的畜禽养殖规模化发展不均衡，机械化水平差异较大。杭州市整体机械化水平较高，台州和浙西南地区整体机械化水平相对较低。

（三）不同养殖环节机械化现状

1. 饲（草）料生产与加工环节

在粉碎性和颗粒饲料等生产过程中均采用机械化设备，机械化水平达到 100%；但在草料生产加工中，机械化水平与养殖场规模大小有较大关联，大、中型规模养殖场多采用 TMR 饲喂设备，按饲料配比合理加工饲料，但小型规模养殖场使用生产加工设备较少，多使用人工或半自动、辅助性生产加工设备。

2. 饲喂与饮水环节

饲喂环节机械设备的应用能够较大程度减轻养殖管理工作负荷，并提高养殖生产效率，因此各类养殖场采用机械饲喂和饮水的意愿较高。分析显示，所有畜种饲喂与饮水环节的机械设备使用率均达到50%以上，在各养殖环节中机械化水平相对较高。目前，精准饲喂系统是国产设备的短板弱项，特别是牛羊精准饲喂系统，由于青贮饲料配比多变、含水量不一等问题，导致牛羊精准饲喂系统的开发进展缓慢。

3. 粪污收集与处理环节

粪污收集与处理环节机械化程度在不同畜种上存在较大差异。生猪粪污处理主要采用水（尿）泡粪模式和机械清粪模式，其中水（尿）泡粪模式在粪坑储存稀释变成粪液后，通过粪沟流入储粪池，会产生大量污水，同时增加后续污水处理难度与成本；V形刮板式全自动刮粪机清粪可使固态粪污与液体粪污分离，减少粪污处理难度，同时能减少畜舍臭气排放，建议推广应用。地面平养肉鸡舍大多采用人工或铲车清运鸡粪，部分笼养肉鸡场和蛋鸡舍多采用传送带清粪。目前，浙江省的湖羊舍大多采用人工清粪，少量使用刮板或传送带清粪，在4类畜种中机械化水平最低。奶牛规模养殖场清粪以刮板和铲车为主，规模以下的奶牛场以人工清粪为主。

4. 通风与环境控制环节

生猪、蛋鸡规模化养殖场的圈舍多为封闭或相对封闭的空间，为改善畜禽生长环境，规模养殖场管理者日趋重视通风与环境控制环节上的机械设备投入。采用智能环控系统+喷淋湿帘+正（负）风机系统来调节畜禽舍温、湿度，能够更好地监测控制畜禽生长、发育、繁殖及健康状况。除了羊以外，生猪、蛋鸡和奶牛的通风与环控环节的机械化率均在60%左右。

5. 畜产品采集环节

浙江省开展的定点屠宰，使生猪产品采集环节机械化水平达到100%；集蛋设备和挤奶设备在大规模养殖场也有较高配置率，但目前省内较为先进的集蛋、挤奶设备都是从国外进口的，存在维护更新不便等问题。

6. 臭气收集与处理环节

当前浙江省畜牧业臭气处理环节机械化水平相对其他环节更低，一方面，反映出养殖场管理者对养殖臭气污染重视不够，没有意识到良好的生产环境对畜产品质量的影响；另

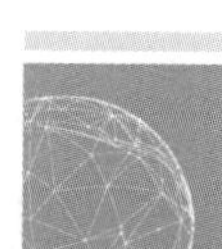

一方面，经济高效的臭气处理技术与设备亟待研发推广。

7. 病死动物收集与处理环节

生猪的病死处理环节机械化水平明显高于其他 3 类畜种，主要原因在于浙江省采用集中专业化处理为主导、自行处理为补充、移动应急处理为辅助的病死动物无害化处理机制，并实行生猪保险与无害化联动机制。目前，大多数生猪养殖场、部分其他畜禽养殖场配备有病死动物冷存设施设备，少量畜禽养殖场配备有病死动物无害化处理的设施设备。

8. 数字化管控环节

分析结果显示，生猪、奶牛和蛋鸡养殖场的数字化管控环节机械化水平相对较高。当前浙江省规模养殖场数字化正逐步推进。据统计，年出栏量 10 000 头以上的大型规模猪场关键环节数字化管控率达到 80.5%，远高于小型规模猪场关键环节数字化管控水平。随着养殖规模化、机械化水平不断提升，成套设备推广应用加快，精细化、数字化、智能化的养殖概念将越来越深入人心，养殖数字化管控水平将得到快速提升。

（四）不同畜禽种类养殖机械化现状

1. 生猪养殖机械化情况

生猪规模化程度较高，自动饲喂和饮水系统、通风和水帘降温系统、有机肥发酵罐、病死猪无害化处理设施等已在规模养殖场得到了较为广泛的应用，一些新型洗消设备、减臭设备、生物安全监控与数字化平台等新型的设施设备在大型规模养殖场得到了推广与应用。

2. 蛋鸡养殖机械化水平

全封闭蛋鸡舍多为多层笼养，普遍采用自动环控系统、自动喂料饮水系统、人工光照系统、机械清粪系统等养殖设备。宁波正大农业有限公司、江山大夫第家庭农场等从国外引进了全套蛋鸡养殖设备，实现了饲养、喂料、温控、清粪、捡蛋以及分级等全生产过程的自动化、智能化，大大提高了生产效率。但大多中小型蛋鸡养殖场，养殖设施相对简陋，仅有自动喂料、清粪和通风设备，没有自动集蛋、捡蛋等设备。绝大多数蛋鸡场缺少养殖臭气处理设施设备。

3. 湖羊养殖机械化情况

湖羊产业整体机械化水平较低。近年来，虽开展了全程机械化养殖模式试验示范，但受机械设备的稳定性差、成本高等影响，大部分养殖业主推广应用的积极还不高，部分规模养殖场只采用自动饲喂饮水系统、输送带式粪便收集系统等，大部分中小型规模养殖场仅实现了饮水环节的机械化，投喂、清粪等其他环节都依靠人工，通风为自然方式。

4. 奶牛养殖机械化情况

奶牛规模化程度和机械化程度都相对较高。规模养殖场大都采用自动挤奶机，配套储奶设备和运奶车。如绍兴一景乳业有限公司从国外引进的并列式挤奶机，实现了奶牛场智能化、自动化管理，大大减轻了劳动强度，提高了管理效率。但中小型规模养殖场基础设施条件落后，机械设备较为简易，一般仅配有饲（草）料搅拌机、鲜奶冷藏罐、自动饮水碗和排风扇等简易设备。

（五）不同养殖规模机械化现状

养殖场的规模不同，机械化水平存在明显差异。图 2 为 4 类畜种在不同养殖规模下的各环节机械化水平。

由图 2 可以看出，随着养殖规模化提升，养殖场的饲（草）料生产与加工、饲喂与饮水、粪污收集与处理、环境控制、畜产品采集、臭气收集与处理和病死动物收集与处理等环节的机械化水平随之提高。但是，臭气收集与处理环节机械化水平随养殖场规模变化增长较慢，说明养殖场对臭气污染问题防治意识仍较薄弱，臭气收集与处理环节机械化是今后养殖场需要重点提升的环节。数字化管控水平的提升则体现出大型规模养殖场对养殖场内数字化、智能化的管理存在明显需求。

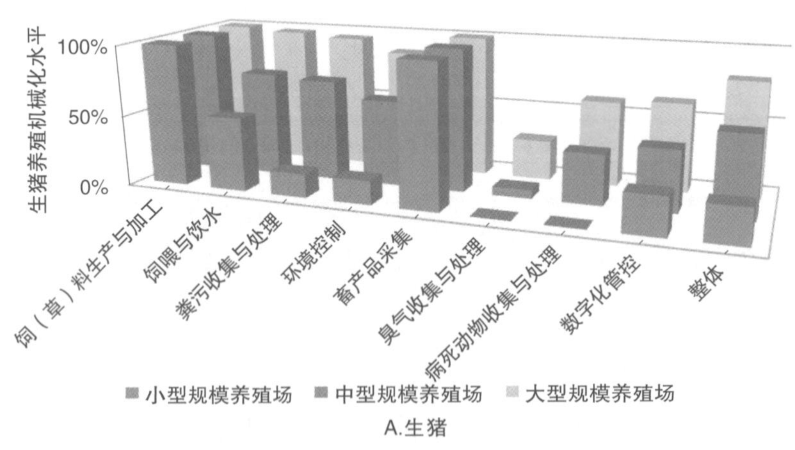

A.生猪

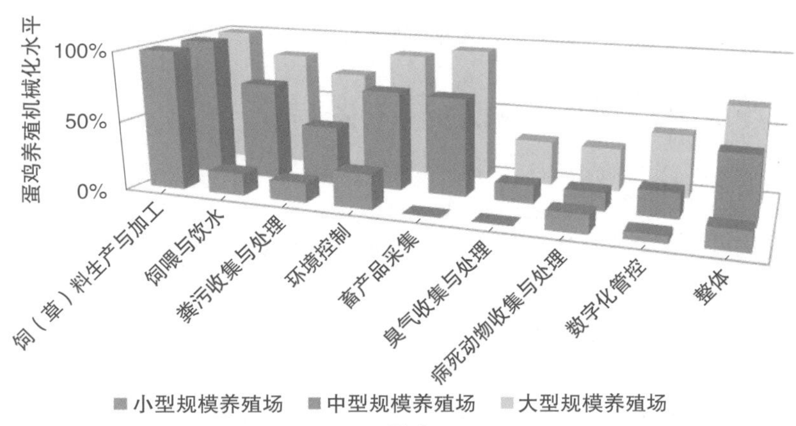

B.蛋鸡

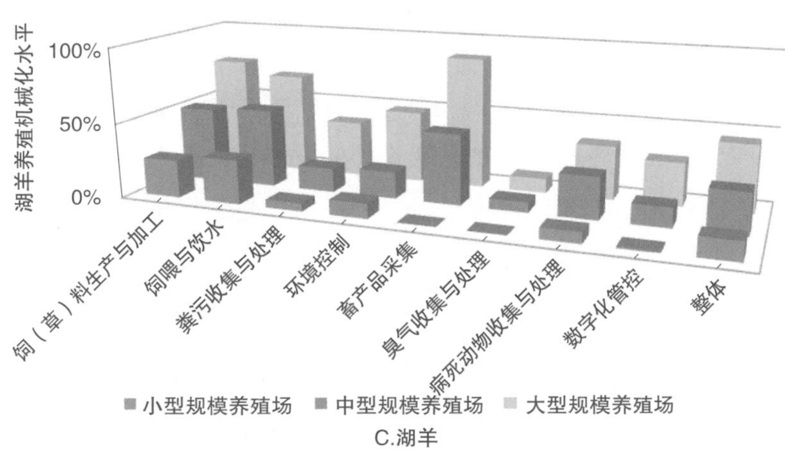

C.湖羊

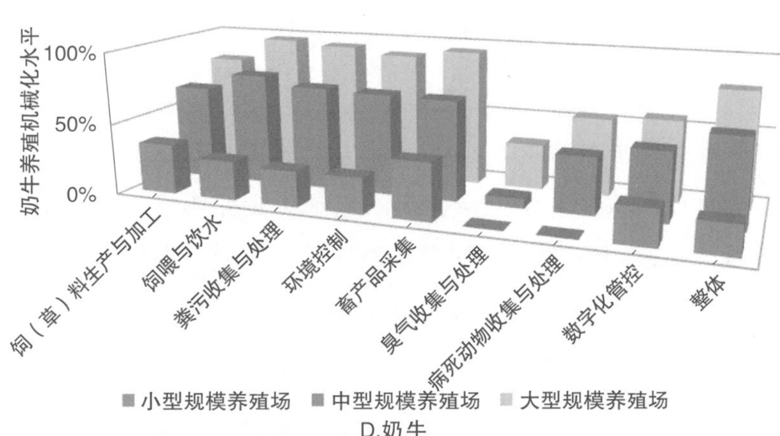

D.奶牛

图 2　不同规模养殖场中各环节机械化现状

三、国内外畜牧业机械化发展现状

（一）国外畜牧业机械化现状和主要做法

1. 国外畜牧业机械化现状

畜牧业现代化是一个系统工程，它涉及基础设施更新、生产组织方式转变、经营主体素质提升、管理方式改进等方面，各国由于自然经济条件差异较大，在畜牧业现代化过程中逐步形成不同模式和道路。

20 世纪 60—70 年代，发达国家基本完成了从传统畜牧业向现代畜牧业的转变。在畜牧业现代化发展道路上的选择，主要体现在以下 3 种模式：一是美国、澳大利亚，土地资源丰富，资金和技术密集，走以机械化作业为主的大型牧场发展道路；二是法国、荷兰、丹麦等欧盟国家，土地和劳动力相对稀缺，资本和技术实力雄厚，选择了资本、技术密集，以机械化作业为主的集约化家庭牧场的发展道路；三是日本、以色列等土地资源匮乏的国家，人多地少，草地规模较小，选择了以技术创新为主、优化农业组织管理为特征的发展道路。

2. 主要做法

（1）注重集约化发展。大力完善基础设施，采用养殖新技术，向大规模、工业化、专业化和集约化方向发展。如美国现有的大型奶牛养殖场机械化程度和自动化水平都很高，从饲草料的拌料、投料，到奶牛挤奶、牛舍清粪等环节，基本实现全程机械化和智能化。这种集约化、工厂化的生产管理，不但提高了生产效率，降低了成本，而且大大提高了畜产品的产量和质量。

（2）注重科技研发应用。畜牧业发达国家十分注重畜牧业技术研发推广工作，形成了完善的政府、大学和其他科研机构、农场、各类企业等多元化的畜牧业科学技术研发及相关成果推广体系，在饲料配方、育种与品种改良、畜禽标准化饲养管理、畜牧机械研发生产与应用、畜产品加工等方面的科技含量和贡献率均居世界领先地位。如欧盟各国生猪养殖广泛应用液态料加工与饲喂系统，不仅可以节约饲料粮，而且还可以提高生猪对养分的消化率，改变日粮的理化性质和生物学构成，改善生猪健康和生产性能。

（3）注重因地制宜形成合作服务体系。大力发展各种以自愿互利为原则的合作社和协会，提高养殖场（户）的组织化程度，加强畜牧业在产前、产中、产后各个环节的社会化服务，形成专业、完整、高效的服务体系，完善的畜牧业产业化运行约束机制是畜牧业合作社组织得以稳定并具有生命力的关键。

（二）国内畜牧业机械化发展和主要做法

1. 畜牧业机械化现状

我国畜牧业机械发展快速，已逐步形成门类齐全的饲料加工、饲草加工、饲喂机械、环控设备、粪污收集处理设备、病死动物收集与处理设备、检测设备等机械设备制造体系，助推了畜牧业机械化水平逐年提升。在整体机械化方面，目前全国蛋鸡、生猪和奶牛产业的机械化水平相比羊和肉鸡等畜种要高，但不同区域、不同畜种、不同养殖模式和不同环节的机械化水平仍然差异很大。

2. 主要做法

（1）创新补贴方式。近年来，国家加大补贴力度、不断优化补贴方式，大幅扩大畜牧业机械的购置补贴范围，支持牧场饲喂、通风环控、粪污处理、防疫等环节的设备购置，开展成套机械设备补贴和一体化养殖机械设备产品试点。

（2）研发畜牧装备。各级科技、农业农村部门加强科技攻关和项目建设，大力支持大专院校、科研院所和设备企业研发畜牧业机械装备。当前，主要畜种的关键环节已基本实现机械化，并逐步向数字化、智能化方向发展，如饲料加工、饲喂、通风、降温、保温、清粪、集蛋、光照、消毒、粪污处理、病死动物处理等畜牧机械，基本满足畜禽养殖机械化生产需要。

（3）加大推广力度。各级畜牧和农机推广部门，通过畜牧产业项目建设、示范基地、现场观摩交流等多种方式，不断提高养殖场（户）对畜禽养殖新理念、新技术、新模式、新机械、新设备等的认知认可，促进畜牧机械的推广普及应用。如广东、广西等省份已推广应用生猪液态料加工与饲喂系统。

（4）促进融合发展。通过推广普及饲养新工艺、畜禽养殖场标准化改造和数字化智能化管理新方法等举措，推动养殖场规划布局与畜舍建筑结构设计、畜禽养殖工艺、饲养管理方式与机械设备等多维度的深度融合，促进畜牧机械化生产发展。

四、畜牧业机械化存在问题

1. 基础设施与机械匹配不足

多数养殖场在建设前期没有进行科学的规划设计，建设过程中凭经验，没有充分考虑养殖工艺、机械设备安装要求和建筑结构的融合，导致后期配置的养殖设备难以与已有畜禽圈舍建筑结构匹配，难以发挥机械设备的最大效能。大部分老旧养殖场存在圈舍设施简陋、养殖模式落后、管理方式粗放等现象，难以满足畜牧机械设备的作业要求。

2. 部分环节存在“无好机用”

部分新建大型规模猪场配套了喷淋洗涤除臭技术与设备，存在建设投资大、水电运行成本高、产生污水量大、减臭效果差等问题。当前浙江省规模猪场基本采用成品颗粒饲料，液态饲料的加工技术与设备有待加快研发和推广。另外，牛场和羊场基本以自然通风为主，多数配备了喷淋降温设施，但效果有限，亟待开发推广绿色、低碳、高效的臭气减排和控制技术与装备，并制定相应规范标准。浙江省牛羊所需的青贮饲料还存在原料产地零散、储藏难、易霉变等问题，亟待研发具有浙江省特色资源的秸秆（稻麦、大豆、玉米、茭白、芦笋等）饲料的储存与标准化生产加工的技术和机械设备。

3. 扶持政策有待于进一步完善

近年来，随着科研和制造能力的不断提高，畜牧业养殖新技术、新模式、新机械、新装备等呈现“井喷式”发展态势。尤其是动物疫情多发和楼层式猪场、羊场的落地投产，对车辆洗消烘干与人员消毒通道的防疫系统、自动化数字化管理系统、机器人巡检系统、臭气收集处理系统和牛羊场精准投饲系统、粪污输送带收集系统等的需求越来越大，这些新型机械设备都是畜牧业向绿色生态、机械化、数字化、智能化等高质量发展的基础支撑，但因投入成本大，且多数未列入购置补贴或新产品推广补贴等扶持政策范围，导致养殖场（户）的应用积极性不高，大部分还处于观望等待状态，影响了畜牧机械的全程全面推广应用和机械化水平的整体提升。

4. 数字化管控水平低

发达国家在数字化管控技术与设备的研发与应用起步整体比我国早 10 年。近几年，随着数字化在畜牧业领域的深入应用，我国在畜牧业数字化管控方面的理念与措施正在赶超

发达国家，但浙江省内规模养殖场数字化管控技术及各养殖环节设备还存在标准化程度低、兼容性差、设备企业通信接口不开放、检测设备误差大、灵敏度低，不能有效反馈生产实际情况。当前浙江省畜禽圈舍环境精准调控水平低于欧美发达国家，中小型规模养殖场多数只能实现温度这个单一环境因子的自动或半自动控制。

5. 社会化服务组织机制不全

目前，浙江省畜牧业社会化服务组织零散、功能单一、服务范围小，满足不了畜牧业现代化发展需要。畜牧机械设备的展示、推广和维护等服务体系尚未构建，导致畜牧业机械发展与推广使用脱节。随着畜牧业机械设备数字化、智能化不断发展，对机械设备的运行、维护、保养等专业人员的文化素质和技术技能提出更高要求，急需构建完善的社会化服务组织，加强对畜牧业机械实用人才的培养。

五、畜牧业机械化工作举措

（一）总体思路

坚持设施化、机械化、数字化“三化联动”和牧艺农机深度融合，突出生猪、蛋鸡、湖羊、奶牛等重点产业，瞄准生产数字化管控、粪污与臭气收集处理等主攻方向，采取提升大规模、主推中规模、兼顾小规模等措施，强力推进畜牧业机械化全程全面和高质高效发展，为畜牧业高质量发展提供基础支撑。

（二）总体目标

到 2025 年，畜牧业整体机械化率达到 60%以上，其中大型规模场机械化率达到 80%以上；中型规模场机械化率达到 70%以上；小型规模场饲喂、环境控制、粪污收集处理等重点环节实现机械化（表 9）。

表 9　浙江省畜牧业机械化现状与发展目标对比

养殖场规模	四分调研畜牧业机械化水平	机械化水平发展目标（2025 年）
大型规模养殖场	72.9%	≥80%
中型规模养殖场	50.16%	≥70%
小型规模养殖场	21.45%	重点环节实现机械化

（三）主要措施

1. 推动牧艺农机融合发展

坚持因地制宜、统筹兼顾，突出畜牧主导产业、兼顾特色产业，以农业“双强”行动推进为契机，结合生猪全产业链重点链、湖羊优势特色产业集群、奶业生产能力提升整区推进等建设，发挥畜牧业和农机化专家团队优势，深入开展养殖场舍、饲养流程、饲料配方、设施装备等牧艺农机融合研究，探索集成一批适合不同畜种、不同规模、不同养殖方式的全程（或重点环节）机械化、数字化、智能化养殖模式，形成一系列牧艺农机配套技术，打造一批畜牧农机试验示范案例。

2. 加大畜牧业机械创新技术研发

建立“畜产学研”定期对接和会商机制，及时收集整理畜牧业机械设备需求，通过省“尖兵”“领雁”科技项目、农业重大技术协同推广项目、“三农九方”科技协作项目、产业团队专家项目等，加大对主要畜种、关键环节堵点弱项集中攻关和重点突破，协同推进畜牧业机械化新技术和新装备的试验、熟化、示范和推广应用。

3. 加大畜牧业机械政策扶持力度

加快遴选一批价格适中、性能优良的畜牧业新机械、新设备列入购置补贴范围，加大对智能、高效、安全的畜牧业机械支持力度，鼓励广大养殖场（户）积极申报农业“双强”建设项目，加大财政扶持力度。

4. 提升畜牧养殖智能化水平

着力生产环境和动物生理体征专用智能感知技术、信息智能分析决策等技术的突破，加快 5G、北斗、卫星遥感等现代信息技术与养殖业融合应用，加强农机装备信息化互联互通，推广主体需要、设备支持、管理有效的数字化整体解决方案。结合未来牧场建设，带动规模化养殖基地提高智能化畜牧业机械的全程应用水平。

5. 加强畜牧业机械服务体系建设

因地制宜鼓励畜牧业社会化服务组织整合资源，探索和推广“合作社（协会）＋企业＋养殖户”“合作社（协会）购买＋养殖户租用”等新模式，构建集大宗饲（草）料采购加工、兽医兽药供应、畜禽废弃物与病死动物无害化收集处理、畜产品采集、畜禽运输车洗消和畜牧业机械设备展示、推广、运行、保养、维修、培训等于一体的社会化服务组

织，为中小规模养殖场提供便捷高效服务，减轻中小养殖场负担。

附件：

附件 1　浙江省畜牧业机械化问题清单

附件 2　浙江省畜牧业机械推广清单

附件 3　浙江省畜牧业机械研发清单

附件 1

浙江省畜牧业机械化问题清单

序号	环节	存在问题
1	饲（草）料生产与加工	青贮饲料产地分散，收割整合等设备欠缺，需要机械化收集与转运
2		半自动加工设备使用效率较低，缺少饲料全自动加工设备
3	饲喂与饮水	智能精准喂料技术与设备不够成熟、机械智能化程度较低，前期投入成本高
4		饲料配方各有不同，投喂量依靠饲养员经验，通用性智能饲喂设备推广难
5	粪污收集与处理	粪污收集与输送设备机械化水平低，人工清粪劳动强度大
6		粪污处理设备配置不足，部分采用的传送带清粪易堵塞、断裂和被腐蚀，故障率高
7		粪污无害化资源处理设备数字化管控水平低
8	通风与环境控制	环控智能精准水平低、单一环境参数（温度）控制能耗大
9		对畜禽不同生长阶段的生长环境需求不明
10		绿色低碳的育雏舍保温技术与设备欠缺
11		大规模鸡场的环境均匀性差，半开放奶牛舍环控水平低，夏季热应激严重
12		中小型奶牛场基础设施老旧，夏天奶牛轮流使用喷淋房，无环控设备
13		通风环控缺少数字化联动
14	畜产品采集	国外引进设备价格高，维修、更新困难
15		缺少鸡蛋分级、检测、防振动包装等设备，国产的集蛋设备破损率较高
16		部分挤奶设备不符合真空压水平，导致设备真空压不稳定
17		畜禽进栏或出笼依靠人工，劳动强度大
18		缺少针对性的剪毛设备
19		羊毛品质较差，导致羊毛采集设备利用率低
20		设备缺乏日常维护保养
21	臭气收集与处理	适用的除臭除尘处理技术与装备少，成熟性和除臭效果欠佳
22		粪污臭气严重、投诉加剧
23		臭气全程减控与处理理念欠缺，投入不足
24	病死动物收集与处理	养殖笼舍消毒设备不能满足需要
25		病死畜禽依靠人工发现与抓取，无机可用，劳动强度大，收集转运交叉感染风险高
26		病死畜禽处理设备运维智能化水平低
27		病死畜禽处理冷库、收集贮运与保险联动等数字化监管不足

（续）

序号	环节	存在问题
28	数字化管控	整体从业者年龄大、文化水平低，管控机械能力差，专业人才稀缺
29		数据获取、保存、分析与决策以人工为主，全程机械化、智能化水平低，影响数字化管控实施
30		缺少管控系统或平台
31		多维数据获取不足、集成与数字化管控差

附件 2

浙江省畜牧业机械推广清单

序号	作业环节	需推广机械	需求程度
1	消毒防疫	集中式高压清洗系统	需推广
2		车辆消毒系统	需推广
3	饲（草）料生产与加工	TMR 饲料搅拌器	急需推广
4	饲喂与饮水	自动料线系统	急需推广
5		单体食槽自动加料系统	需推广
6		母猪饲喂器	需推广
7		生猪饲喂器	需推广
8		电动、柴油式撒料车	需推广
9		播种式喂料机	需推广
10		犊牛饲喂机	需推广
11		饮水碗	需推广
12		乳头式饮水器	需推广
13		加药器＋过滤器	需推广
14	粪污收集与处理	V 形刮板式全自动刮粪机	急需推广
15		粪便传送带	急需推广
16		固液分离机	需推广
17		高温好氧有机肥发酵罐	需推广
18		抛翻车	需推广
19		槽式抛翻机	需推广

（续）

序号	作业环节	需推广机械	需求程度
20	环境控制	湿帘	需推广
21		负压风机系统	需推广
22		节能保温灯	需推广
23		气体监测传感器	急需推广
24		智能环控系统	急需推广
25	畜产品采集	自动集蛋系统	急需推广
26		转盘式挤奶机	需推广
27		并列式挤奶机	需推广
28	臭气收集与处理	除臭剂发生器	急需推广
29	病死动物收集与处理	病死动物化制设备	需推广
30	数字化管控	动物电子耳标	急需推广
31		视频监控设备	需推广

附件 3

浙江省畜牧业机械研发清单

序号	作业环节	需推广机械	需求程度
1	饲（草）料生产与加工	自动青贮饲料加工设备	急需研发
2		猪用液态饲料加工与喂料设备	急需研发
3		田间青贮饲料自动收集设备	需研发
4	饲喂	牛羊舍用无人撒料车	需研发
5		分娩母羊精准喂料和羊羔精准补料设备	需研发
6	粪污收集与处理	智能避障清粪机器人	急需研发
7		粪污自动清运设备（自动传送带）	急需研发
8		适用于无人机抛洒施肥的颗粒制肥机	急需研发
9		注射式液态有机肥施肥设备	急需研发
10		小型养殖场一体化粪污处理设备	需研发
11		羊粪加工处理设备	需研发
12	环境控制	多环境参数融合的精准环控设备	急需研发
13		楼房畜舍通风环控设备	急需研发
14		低碳高效的保温技术与设备	需研发

（续）

序号	作业环节	需推广机械	需求程度
15	臭气收集与处理	减污降碳高效的牧场臭气处理设备	急需研发
16	病死动物收集与处理	病死动物识别与自动收集设备	急需研发
17	畜产品采集	自动进出鸡设备	急需研发
18		奶牛自动化挤奶设备	需研发
20		小规模鸡场经济适用集蛋设备	需研发
21		湖羊的剪毛设备	需研发
22	数字化管控	栏舍智能清洗机器人	急需研发
23		巡检机器人	急需研发
24		数字化管控平台	急需研发
25		发情监测与精准配种机器人	急需研发
26		注射疫苗设备（机器人）	急需研发

专题七　浙江省食用菌产业机械化发展研究报告

一、食用菌产业基本情况

食用菌是浙江的十大主导产业之一，也是浙江省重要的农产品。2020 年，全省食用菌生产主体有 1.4 万个，食用菌生产规模 11.8 亿棒（袋、平方尺*），产量 77.6 万吨，居全国第 16（图 1），一产产值 57.2 亿元，约占全国总产值的 1.7%，在香菇品种选育、栽培技术研发、食用菌市场建设、品牌建设方面居全国前列。全省工厂化食用菌生产企业 43 家，企业数占全国的 10.3%，但受土地资源制约，工厂化生产单体规模总体较小。庆元香菇、龙泉黑木耳、江山白菇、庆元灰树花等 9 个产品获原产地域或地理标志保护。

全省食（药）用菌栽培品种多，主要有香菇、黑木耳、金针菇、双孢蘑菇、秀珍菇、杏鲍菇、灰树花、海鲜菇、猴头菇、灵芝等 20 多个菇种；香菇、黑木耳等传统食用菌主要

* 尺为非法定计量单位。1 尺=33.33 厘米。——编者注

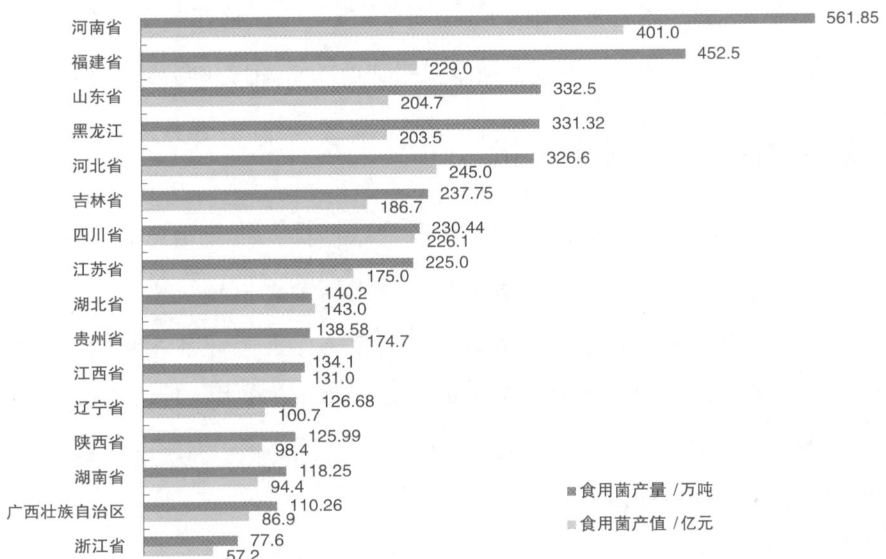

图 1　2020 年全国食用菌主产省（自治区）产量与产值

分布在丽水、金华等山区县，金针菇、双孢蘑菇等工厂化食用菌呈点状分布，四大主栽品种香菇、黑木耳、金针菇和双孢蘑菇产量占总产量的 83.0%。2020 年浙江省主要菇种生产规模、方式与主产区见表 1。

表 1　2020 年浙江省主要菇种生产规模、方式与主产区

序号	品种名称	规模	生产方式	栽培方式	主产区
1	香菇	4.43 亿棒	设施	袋栽	庆元县、龙泉市、景宁县、松阳县、云和县、莲都区、缙云县、武义县、磐安县
2	黑木耳	1.84 亿棒	露地	袋栽	龙泉市、庆元县、景宁县、开化县
3	金针菇	1.53 亿瓶	工厂化	瓶栽	金东区、柯城区、江山市、常山县
4	双孢蘑菇	0.29 万尺^2	工厂化	床栽	奉化区、桐乡市、嘉善县、温岭市、平湖市
5	秀珍菇	1.23 亿袋	设施	袋栽	淳安县、桐乡市、海宁市、江山市、常山县、温岭市、缙云县、武义县、南湖区
6	杏鲍菇	0.72 亿袋	工厂化	袋栽	奉化区、莲都区、淳安县、嵊州市
7	灰树花	0.18 亿棒	设施	袋栽	庆元县
8	海鲜菇	0.16 亿袋	工厂化	瓶栽	金东区、义乌市、婺城区
9	灵芝	1 200 亩	工厂化/设施	袋栽	龙泉市、武义县、金东区、缙云县、永康市、兰溪市

虽然浙江省食用菌产量、产值在全国占比不高，但食用菌生产较多的基地集中在浙江省山区 26 县，是当地的支柱产业，目前面临的主要问题是先进适用机械、宜机化设施、菌

种生产方式、新品种和新技术开发利用、产品深度开发等方面存在薄弱环节，探索和示范高效生产方式，推进食用菌提档升级、提质增效是实现浙江省农村共同富裕的重要任务。

二、食用菌产业机械化现状

浙江省食用菌生产方式可分为工厂化和传统农法两类；按栽培方式分主要有袋栽、瓶栽和床栽 3 类。瓶栽、床栽和少量袋栽食用菌如杏鲍菇全程机械化水平较高，基本采用工厂化生产，其他袋栽食用菌如香菇、黑木耳，前端装袋、灭菌环节逐步向工厂化生产方式转变，其他环节仍采用传统农法生产。依据食用菌主要生产环节机械化水平、产量进行综合机械化水平测算，全省食用菌生产机械化水平为 78.0%。以下从生产环节、生产方式、典型品种和栽培方式角度进行机械化水平分析。

（一）生产环节机械化水平

食用菌生产环节主要有菌棒（瓶）制备与灭菌、床栽菌料制备、接（播）种、发菌与育菇、采收分级与包装、保鲜与脱水等，各环节机械化水平如下：

1. 菌棒（瓶）、床栽菌料制备与灭菌

传统生产、工厂化生产的袋栽、瓶栽食用菌生产制料棒、菌料装瓶、灭菌环节均实现专业化生产，有完整的原料粉碎、混料、输送和制料棒、菌料装瓶设备，由社会化服务组织统一供给，机械化率 100%。工厂化生产床栽食用菌培养料的粉碎、混合、发酵等各环节均实现机械化，机械设备国产与进口均有，性能基本稳定可靠，机械化率达到 100%。

2. 接（播）种

香菇、黑木耳等食用菌采用传统生产方式，接种基本为手工作业，机械化率程度低，不足 5%；金针菇等工厂化生产的食用菌接种在自动流水线上完成，机械化率超过 90%；双孢蘑菇播种在菌料输送过程中自动完成，机械化率超过 90%。按产量与接（播）种机械化测算工厂化生产食用菌接（播）种机械化水平为 70.7%，机械化程度较高。

3. 发菌与育菇

传统食用菌香菇采用设施培育，设施水平参差不齐，环境控制自动化程度低，关键环节，如补水、菌棒上下架等均为手工作业；黑木耳采用大棚发菌、露天出耳，总体上传统食用菌育菇环节的机械化水平为 55%。工厂化金针菇、双孢蘑菇的发菌、搔菌、育菇均在

环境自动控制的设施内进行，简易搔菌机基本可完成蘑菇的搔菌工作，但缺乏覆膜、去膜的相关设备；金针菇搔菌在自动流水线上完成，工厂化生产食用菌的发菌与育菇环节机械化率超过 90%。

4. 采收、分级与包装

传统食用菌香菇、黑木耳为分期多次采收，采收、分级均为手工作业完成，该环节几乎无机械化作业；包装采用机械作业，该环节机械化水平仅 30%。工厂化食用菌金针菇、海鲜菇等为自动流水线作业，金针菇采收时去除外包菇片在机器上完成包装，机械化水平超过 90%；但双孢蘑菇等多潮生长的食用菌，生长不一致，采收、分级由人工完成，包装多采用机器完成。按用工量测算工厂化食用菌采收、分级与包装机械化水平为 64%。

5. 保鲜与脱水装备

所有食用菌生产均配备了保鲜库，能够保证采收后及时预冷、贮藏。传统食用菌干制香菇、黑木耳须脱水处理，其中香菇多数采用通用烘干机脱水，少数传统人工烘干，总体机械化率为 85%；黑木耳脱水处理基本为自然晒干，抵御极端阴雨天气的能力差。

（二）不同生产方式机械化水平

传统食用菌、工厂化食用菌生产的主要环节有菌棒（瓶）制备与灭菌、接（播）种、发菌与育菇、采收分级与包装、保鲜与脱水，为了计算其生产综合机械化水平，根据劳务强度和用工量，综合确定工厂化食用菌上述生产环节的计算权重分别为 0.50、0.12、0.25、0.10、0.03，传统食用菌上述生产环节的计算权重分别为 0.55、0.10、0.20、0.10、0.05，再按每种生产方式的产量进行折算，2020 年工厂化食用菌生产综合机械化水平为 90.1%，传统食用菌生产综合机械化水平为 73.8%（表 2）。

表 2　食用菌全过程分环节权重测算表

环节	菌棒（瓶）制备与灭菌	接（播）种	发菌与育菇	采收分级与包装	保鲜与脱水
工厂化食用菌权重值	0.50	0.12	0.25	0.10	0.03
传统食用菌权重值	0.55	0.10	0.20	0.10	0.05

（三）典型品种和栽培方式生产机械化水平

香菇、黑木耳、金针菇和双孢蘑菇是浙江省主要生产菇种。其中，传统食用菌香菇、黑木耳栽培方式为袋栽，工厂化食用菌金针菇栽培方式以瓶栽为主，双孢蘑菇为床栽。上述菇种产量较大且涵盖了全省食用菌的主要生方式和栽培方式。以下以香菇、金针菇和双孢蘑菇为代表进行食用菌分品种和栽培方式生产机械化水平分析。

1. 香菇（袋栽）

香菇是浙江省生产量最大的食用菌，栽培方式为袋栽，规模以上综合机械化率为80.7%，其中制料棒环节为专业化生产，社会化服务组织制棒机械化率100%。接种环节主要是人工固体接种，机械接种处于试用阶段，机械化率不足5%。发菌、育菇全部为设施生产，发菌温度、通风等环境自动调控占55%；菌棒补水环节依靠人工辅助，补水针作业效率低。由于香菇成熟度不一致，需要选择性采摘，所以全部为手工作业，无机可用。在保鲜与脱水环节上，生产主体均建有保鲜设施，保鲜机械化率为85%以上；脱水环节为机械烘干，机械化率为85%以上，但烘干品质有待进一步提高。按环节测算香菇生产综合机械化水平为69.8%。

2. 金针菇（瓶栽）

金针菇主要采用工厂化瓶栽生产，生产环节有菌料制备与装瓶、灭菌、接种、养菌、育菇、采收、保鲜，基本实现自动化，仅在包菇片去除、菇根切除方面需要人工作业，综合机械化水平为95.0%。

3. 双孢蘑菇（床栽）

双孢蘑菇采用工厂化床栽生产，生产环节包括菌料处理、播种、发菌、覆土、搔菌与育菇、采收、分级、包装、保鲜，除采收、分级外，其他生产环节机械化率达到90%以上，综合机械化水平为90.2%。在采收环节，为提高产量和效益，采用手工作业方式选择性采收；分级试用滚筒式分级机，损伤严重，缺乏专用的分级装备，现为手工采收时直接分级。

三、国内外食用菌机械化发展现状

（一）国外食用菌机械化现状

国外食用菌工厂化生产最早起源于1947年的荷兰双孢蘑菇栽培技术，美国、荷兰、波兰、德国、意大利等欧美国家食用菌栽培技术、生产工艺成熟，但劳动力成本高，食用菌几乎全部实现了工厂化。亚洲食用菌生产装备先进国家主要是日本、韩国、中国。20世纪80年代，在日本以木腐菌品种金针菇、杏鲍菇和蟹味菇等瓶栽方式为代表，其技术水平处于国际领先水平，生产过程中拌料、装瓶、杀菌、接种、培育、搔菌、出菇和挖瓶等环节都实现了机械化。90年代韩国引进日本的技术和设备实现技术设备自给。目前，日本、韩国工厂化食用菌生产机械化程度均达到90%以上。可见，欧美、日本和韩国等农业发达国家发展至今，食用菌生产已基本实现了全程工厂化生产。

（二）国内食用菌机械化现状

目前，我国是世界食用菌生产、消费及出口大国，产业遍布各省份。2020年，全国食用菌产量为4 016.43万吨，占世界总产量的75%以上，食用菌已成为我国继粮、油、蔬、果后的第5大农业种植业，产量占蔬菜总产量的5.26%。食用菌生产方式有传统农法栽培、工厂化栽培。2020年，全国食用菌工厂化企业共417家，主要生产杏鲍菇、金针菇、真姬菇、双孢蘑菇，产品周年供应，产量稳定，上述4种菇2020年总产量为685.21万吨，占全国食用菌总产量的16.87%；其余菇类主要采用传统农法栽培，产量占全国食用菌总产量的83.13%，因此当前食用菌生产仍然以传统农法栽培为主，并且普遍以分散的家庭生产经营方式为主，属于粗放型的生产经营方式，生产技术不规范，缺乏标准化的工艺和流程，产品质量得不到保障。

在食用菌装备产业方面，在国家惠民政策支持下，随着技术装备的引进吸收，整个食用菌装备行业有了较好的发展，成规模生产食用菌配套设施装备的企业已经超过了70家，主要栽培环节，如拌料、装瓶（袋）、灭菌、接种、保鲜、脱水等，均有相关设备，但香菇接种等环节仍存在设备适应性差、可靠性不高等问题，出菇管理、采收、脱水等环节仍主要依赖于人工作业，不利于食用菌生产机械化水平的提高。缺乏完整产业链成熟稳定的机型，工厂化双孢蘑菇生产成套设备以进口设备为主，全产业链设备开发任务紧迫。

综合国内外食用菌生产机械化水平可知，浙江省食用菌工厂化生产技术水平达到国内先进水平，也与世界先进水平接近，但工厂化程度不高，与世界先进水平有较大差距。传统农法生产食用菌的机械化水平位居国内前列。

四、产业机械化存在问题

（一）食用菌主要生产环节装备存在的问题

1. 菌料与菌棒（瓶）制备、灭菌装备

食用菌菌袋（瓶）生产环节已实现机械化生产，但在菌棒收集、输送、上下架等方面的装备推广应用少，生产中以手工作业为主。自动装瓶机多为引进产品，床栽食用菌培养料制备机械基本为引进成套设备，性能稳定可靠，国产化程度不高。程控灭菌设备推广应用不足。

2. 接（播）种装备

工厂化食用菌主要采用机械接种，性能可靠。传统食用菌主要采用手工接种，部分在无菌室作业，但接种机处于试用阶段，性能不稳定，不能满足机械化生产要求。

3. 养菌、搔菌、育菇设施与装备

工厂化袋栽食用菌搔菌环节无机可用，全部采用手工作业。传统食用菌（香菇）补水作业依赖人工，劳动强度高、效率低。养菌、育菇环境调控系统智能化水平低，环境参数耦合对食用菌生长发育、品质和经济性影响研究成果少，缺乏智能化环境调控系统。

4. 采收、分级与包装设备

多数工厂化食用菌为一次性采收，切根、分级环节无机可用。香菇、双孢蘑菇等食用菌需要选择性多次采收，很难实现机械化作业，人工采摘并同步完成分级。通用分级机对双孢蘑菇、香菇等产品损伤严重，如双孢蘑菇表皮破损、香菇外表绒毛脱落，严重影响其贮藏和品质，不能满足分级、保鲜要求。

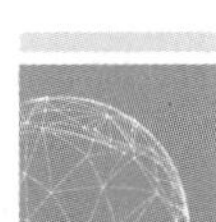

5. 保鲜与贮藏、脱水装备

食用菌生产均配置了保鲜库，基本满足预冷、保鲜与贮藏要求。缺乏高品质香菇专用烘干设备，采用通用干燥机进行香菇脱水严重影响干制品品质；黑木耳基本是自然晒干，也缺乏与其干燥特性、品质要求相匹配的干燥设备。

6. 食用菌装备制造业

浙江省现有工厂化食用菌生产企业 43 家，全省食用菌装备制造企业超过 40 家，产品基本覆盖了除采收以外的各关键生产环节。但食用菌生产装备研发成本高，各环节机械装备需求规模小，难以形成大批量化生产，难以支撑专用装备制造业持续健康发展。

（二）设施结构及内部空间布局不适宜机械化作业

食用菌生产设施以手工作业的生产方式设计，设施跨距、高度等空间结构上限制了机器作业，为了提高设施空间利用率，内部预留通道不能满足机械作业要求，栽培架间未预留机械作业通道等，设施内机械无法作业，不同环节间缺乏物流输送的空间，制约了机械装备的应用。

（三）食用菌栽培农艺与农机要求不相融合

双孢蘑菇、香菇、黑木耳等食用菌多潮生长，分期选择性采收，不便于机械化收获，采用机器人选择性采摘也受培养架工作空间等影响难以实现；金针菇、海鲜菇等一次性采收食用菌，栽培架间距、架内空间、食用菌袋（瓶）栽培方式等与其上架、下架、采收、日常管理机械的作业空间均不匹配，栽培农艺与农机要求不相融合。

五、食用菌产业机械化工作举措

（一）总体思路和目标

贯彻落实浙江省委省政府《浙江省实施科技强农机械强农行动大力提升农业生产效率的行动计划（2021—2025 年）》的重要部署，围绕食用菌生产的关键环节和薄弱环节开展装备研发与推广应用，到 2025 年，传统食用菌、工厂化工食用菌生产机械化水平分别达到 87.0%、94.9%，食用菌综合机械化水平达到 89.1%（图 2）。

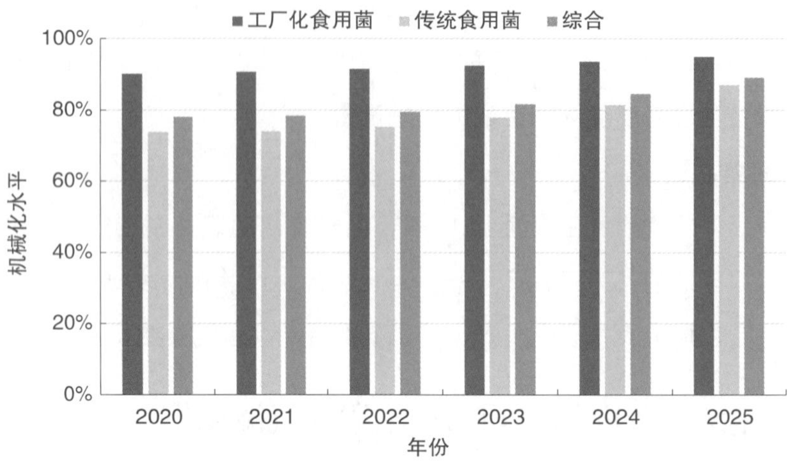

图 2　浙江省食用菌生产综合机械化水平发展目标

（二）推进举措

1. 提升装备性能并加快推广应用

积极引导现在装备生产企业通过改进、完善、提升食用生产菌料制备、装袋（瓶）、灭菌等机械装备的性能，满足食用菌生产农艺需求，大力推广菌棒（瓶）收集、输送、上架等设备，集成装袋（瓶）生产全程机械化、自动化成套装备。加快推广液体接种机，实现接种机械化。不断提升养菌、育菇设施的环境调控能力，实现环境调控自动化、智能化。支持将食用菌生产所需的农资仓储、食用菌产品产地预冷库等附属设施用地纳入设施农业用地管理，加大保鲜仓储、烘干初加工等集成配套，提升食用菌生产应对市场和极端气候的能力。

2. 补齐紧缺机械设备

采用引进、消化、吸收和研发相结合，加大引进外省成熟的机械装备，重点研发推广接种、搔菌、菌袋补水、采收、分级包装等环节机械化作业的关键技术，研制固体和液体半自动和全自动接种成套装备、袋栽搔菌机、采收机器人、采收－分级－包装一体化生产线等智能化装备，开发食用菌生产环境智能调控系统，研制食用菌专用高品质脱水烘干设备，快速提升食用菌生产全程机械化、智能化水平。加强衔接食用菌生产环节间装备的研发，实现全程机械化生产。

3. 深化食用菌生产农机农艺融合

加大农艺技术的研究，筛选出适宜机械化采收和作业的品种，特别是选育生育期基本一致、宜机化品种并推广，改进栽培模式，提高机械化作业生产技术，优化采收、分级工艺，形成与机械化生产相适应的农艺要求、作业规范、质量标准。开发立体循环式、旋转式育菇床（架）等便于机械化生产的方式，加大国内外农机农艺融合成功模式的引进、试验和推广力度。

4. 加大生产设施宜机化改造

推进食用菌生产设施的标准化、工厂化建设，依据机械作业要求和生产农艺，支持生产设施升级，推进传统产区老旧菇棚、发菌棚和生产设施提升改造，加快设施内菌架空间优化布局，提升机械装备通行和作业条件。

5. 推进产业集聚，提升综合社会化服务水平

加强县域统筹布局，提升工厂化食用菌自动化生产、精准栽培水平，培育规模化生产主体。依据现有主产区的优势与特色，主产区建设菌棒（瓶）制备、灭菌、接种等环节专业化社会化服务合作社，积极支持开展社会化服务，建设数字化供求信息服务平台，提升社会化服务水平。培育并推广“菌棒”“菌棒＋接种”等专业服务模式，配套菌棒（瓶）生产质量保险政策。推广“1＋*N*”（龙头企业工厂化菌棒生产＋农户分散式出菇管理）统分结合的新型生产模式，促进食用菌生产提质增效。

6. 加强设施和新机具的资金扶持力度

支持将食用菌产业提升、紧缺机械研发与推广等项目列入浙江省产业基金、专项资金支持范围。调整和扩大食用菌机械购置补贴政策范围，及时给予并提高新产品农机购置补贴标准，同时优先纳入享受农机购置补贴目录，支持开展食用菌全程机械化试点建设与示范应用。

7. 拓展食用菌产业链

加强食用菌各类加工食品的开发，加快食用菌的营养、保健、药用等功能的研究开发，重点开发各类健康休闲食用、饮料、药酒等的开发，开发天然活性成分的药用价值和药用成分，延长食用菌生产产业链，提高综合经济效益。

附件：

附件 1　浙江省食用菌产业机械化问题清单

附件 2　浙江省食用菌产业农机装备推广清单

附件 3　浙江省食用菌产业农机装备研发清单

附件 1

浙江省食用菌产业机械化问题清单

序号	生产设施、装备与环节		存在主要问题
1	生产装备	菌料与菌棒（瓶）制备、灭菌环节	菌棒收集、输送、上下架等装备推广应用少，环节间独立作业，自动化程度低；瓶栽、床栽食用菌生产装备国产化程度低；程控灭菌设备推广应用少
2		接（播）种环节	传统食用菌接种无机可用；液体接种机处于样机阶段，不能满足生产要求
3		养菌、搔菌、育菇环节	袋栽食用菌搔菌、香菇补水无机可用；环境调控系统智能化水平低，环境控制软件国产化程度低
4		采收、分级与包装环节	选择性多次采收食用菌采收无机可用，全部手工作业；其他食用菌采收也以人工作业为主；缺乏适用食用菌分级的专用装备
5		保鲜与贮藏、脱水环节	缺乏高品质香菇专用烘干设备。采用通用干燥机进行香菇脱水严重影响干制品品质
6	生产设施		设施空间结构及其内部通道不能满足机械化作业，不同功能的设施间缺乏自动化物流装备
7	农机农艺		传统食用菌缺乏能够统一采收的品种；缺乏选择性采收装备，采摘均为手工作业；缺乏采收下架装备

附件 2

浙江省食用菌产业农机装备推广清单

序号	生产环节	需推广机械	需求程度
1	菌棒制备与灭菌	原料处理机械	需推广
2		装袋（瓶）生产流水线	需推广
3		袋（瓶）灭菌机械	需推广
4	养菌与育菇	智能化育菇环境调控装备与设施	需推广
5		自动化搔菌机械	需推广
6		自动化菌袋上下架机	急需推广
7	采收分级包装	自动包装机	需推广
8		自动化下架机	急需推广
9		输送流水线与运输车	急需推广
10	保鲜与脱水	冷库设备	需推广
11		全（半）自动烘干机	急需推广

（续）

序号	生产环节	需推广机械	需求程度
12	其他	废料处理机械	急需推广

附件3

浙江省食用菌产业农机装备研发清单

序号	生产环节	需研发机械	需求程度
1	菌棒制备与灭菌	全自动装袋（瓶）成套设备	性能完善
2		程控灭菌设备	性能完善
3		菌袋（瓶）上架与下架设备	无机可用
4		食用菌铺料、混料、翻料机	性能完善
5	接（播）种	香菇黑木耳自动接种机	急需研发
6		固体自动接种机	无机可用
7		工厂化食用菌液体接种机	急需研发
8		固体接种打孔机	急需研发
9	养菌与育菇	袋栽搔菌机、瓶栽搔菌机、床栽搔菌机	急需研发
10		香菇高效定量补水机	急需研发
11		旋转式育菇床（架）	无机可用
12		智能型环境控制系统	性能完善
13		育菇智能环控设备	性能完善
14		无框菌袋自动上下架机	急需研发
15	采收分级包装	香菇、双孢蘑菇等食用菌采收机器人	无机可用
16		自动采收机	急需研发
17		自动切根设备、菇根切除机	无机可用
18		黑木耳等采收与分级机器人	无机可用
19		香菇、双孢蘑菇等分级机	无机可用
20	保鲜与脱水	高效制冷设备	性能完善
20		高品质食用菌智能烘干机	性能完善
22		连续式冻干设备	性能完善
23	数字化管控系统与设备	食用菌生产数字化供求服务平台	急需研发
24		食用菌生产智能化管理平台	性能完善
25	其他	废料高效处理与环保处理设备	性能完善

专题八　浙江省水产养殖业机械化发展研究报告

一、水产养殖业概况

2021 年，浙江省水产品总产量达 559.05 万吨，占全国水产品总量的 8.95%。其中，水产养殖总产量 265.72 万吨，占全国的 4.93%。渔业总产值达 2 330.74 亿元，渔业从业人员 62.97 万人，占全国的 5.31%。渔民年均收入 31 311.00 元，较全国渔民平均水平高 7 868.87元，位列全国第 1。浙江省水产养殖产业概况及全国排名情况见表 1。浙江省水产养殖主要模式包括池塘养殖（围栏养殖）、网箱养殖（普通网箱养殖、深水网箱养殖）、工厂化养殖和筏式吊笼与底播养殖（筏式养殖、吊笼养殖、底播养殖）。2021 年，池塘养殖产量占总产量的 51.16%，筏式吊笼与底播养殖、网箱养殖、工厂化养殖的产量分别占总产量的 31.29%、2.25%和 0.73%。

表 1　浙江省水产养殖概况及全国排名情况（2021 年）

类型	产量/万吨	排名	产值/亿元	排名	养殖面积/公顷	排名	从业人员/万人	排名	渔民年均收入/元	排名
海水	139.32	6	242.46	7	81 466	7	62.97	10	31 311.00	1
淡水	126.40	9	298.28	8	167 908	11				

注：数据来源于《2022 中国渔业统计年鉴》。

（一）淡水养殖概况

2021 年，浙江省淡水养殖产量排名前三的城市分别为湖州市（536 421吨，42.44%）、杭州市（165 790 吨，13.12%）和嘉兴市（136 850 吨，10.83%）；淡水养殖产量排名前三的养殖品种分别是鲢（141 953 吨，15.51%）、黄颡鱼（122 439 吨，13.38%）、鲈（119 730 吨，13.08%），详见图 1。淡水养殖甲壳类和贝类产量排名前三的养殖品种分别是南美白对虾（72 448吨，43.73%）、克氏原螯虾（27 596吨，16.28%）、罗氏沼虾（25 667 吨，15.14%），详见图 2。

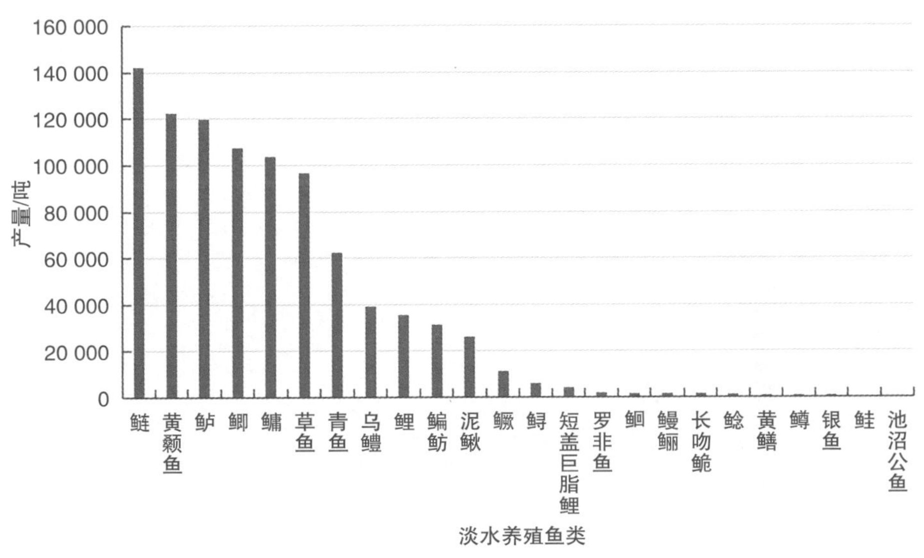

图 1　2021 年浙江省淡水养殖鱼类产量

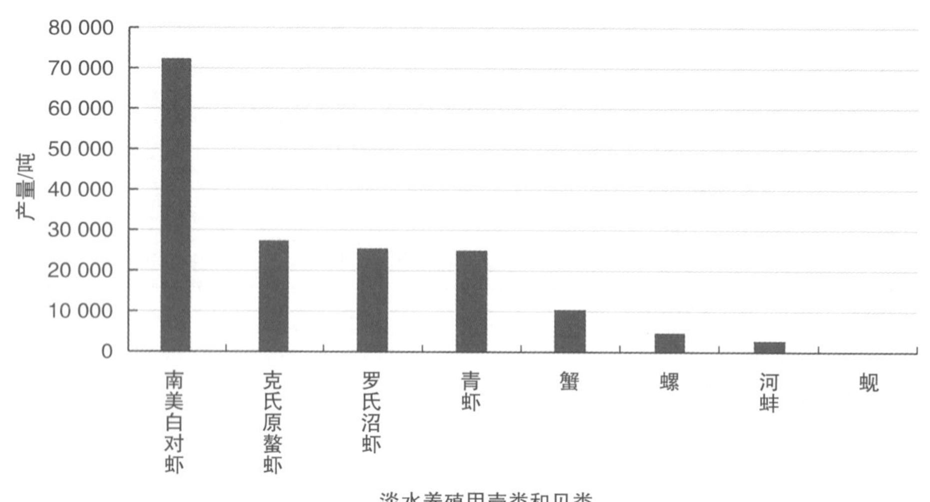

图 2　2021 年浙江省淡水养殖甲壳类和贝类产量

（二）海水养殖概况

2021 年，浙江省海水养殖产量排名前三的城市分别为台州市（527 158 吨，37.81%）、宁波市（375 873 吨，26.98%）和舟山市（285 539 吨，20.49%）；海水鱼养殖产量排名前三的养殖品种分别为大黄鱼（32 300 吨，46.49%）、鲈（11 202 吨，16.12%）和美国红鱼（7 758 吨，11.17%），详见图 3。海水养殖甲壳类和贝类产量排名前三的分别是蛏（318 348 吨，22.37%）、牡蛎（266 349 吨，22.90%）、贻贝（227 749 吨，19.58%），详见图 4。

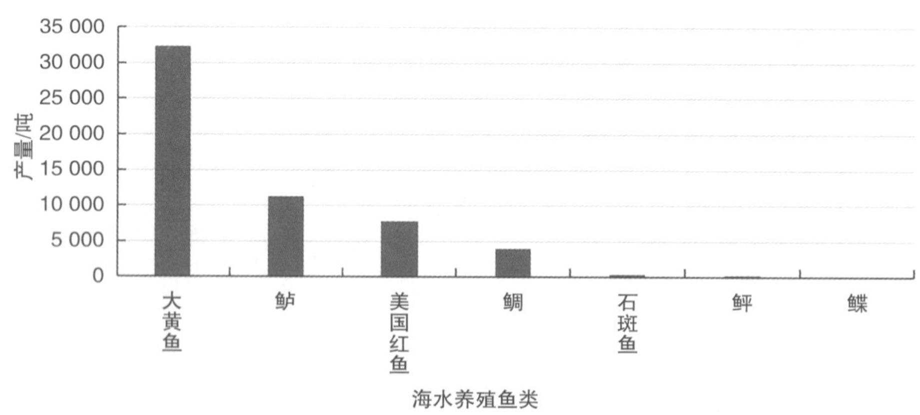

图 3　2021 年浙江省海水养殖鱼类产量

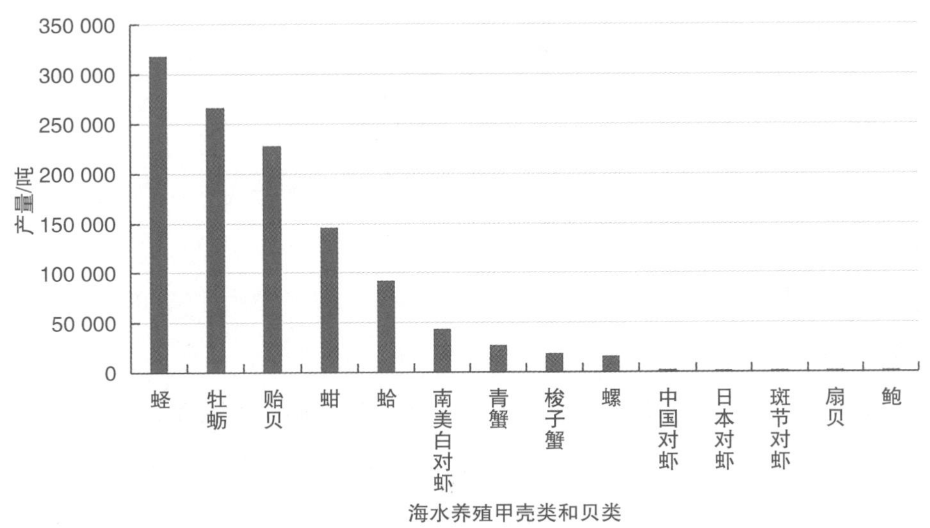

图 4　2021 年浙江省海水养殖甲壳类和贝类产量

二、水产养殖机械化基本情况

近年来，浙江省水产养殖机械化水平不断提高。据统计，2020 年浙江省水产养殖机械保有量为 30.54 万台，功率为 65.32 万千瓦。其中，增氧机保有量为 26.16 万台，功率为 49.56 万千瓦；投饲机保有量为 2.51 万台，功率为 1.51 万千瓦。截至 2021 年，浙江省水产养殖机械化水平已达到 44.59%，较 2020 年提高了 22 个百分点。

（一）淡、海水养殖机械化发展情况

1. 淡水养殖机械化发展情况

浙江省淡水养殖主要养殖方式是池塘养殖和工厂化养殖。目前，池塘养殖中增氧机和投饵机等渔机设备在生产中得到普遍应用，其他养殖环节以人工为主；池塘工厂化养殖中，湖州、嘉兴等地区的鲈"跑道养殖"模式，其各生产环节基本实现机械化。2021 年，淡水养殖机械化水平为 50.98%。

2. 海水养殖机械化发展情况

浙江省海水养殖主要养殖方式是筏式吊笼与底播养殖。目前，贝类播种、藻类养殖打桩机在生产中得到应用，但贝类和藻类采收等环节还是以人工为主。2021 年，海水养殖机械化水平为 35.13%。

（二）不同养殖方式机械化水平情况

1. 池塘养殖方式

2021 年，浙江省池塘养殖产量为 2 631.85 万吨（海水养殖 281.06 万吨、淡水养殖 2 350.79万吨），受养殖规模小、散户多等影响，大部分养殖户仅使用增氧机，投饲、起捕等环节仍以人工作业为主。2021 年，浙江省池塘养殖机械化水平为 50.98%。

2. 网箱养殖

2021 年，浙江省海水普通网箱养殖产量为 62.67 万吨，海水深水网箱养殖产量为 33.72 万吨，淡水网箱养殖产量为 27.5 万吨，生产中除应用了网箱设施和水质监测设备外，其他环节基本都以人工作业为主。2021 年，浙江省网箱养殖机械化水平为 40.20%。

3. 工厂化养殖

2021 年，浙江省工厂化养殖产量为 68 万吨（海水养殖 35.58 万吨，淡水养殖 32.42 万吨），增氧、水质监测等渔机设备得到广泛应用，但仍有部分养殖户采用人工投饲和人工起捕。2021 年，浙江省工厂化养殖机械化水平 65.52%。

4. 筏式吊笼与底播养殖

2021 年，浙江省筏式吊笼与底播养殖产量为 1 350.74 万吨，藻类打桩机得到广泛应用，但仍有部分养殖户采用人工采苗和收获等。2021 年，浙江省筏式吊笼与底播养殖机械化水平为 35.13%。

（三）不同养殖环节机械化水平情况

1. 投饲环节

池塘养殖、网箱养殖和工厂化养殖环节中所用的主要机械有投饵机、饲料投喂船、管道式投料系统和拌料机等，在池塘养殖标准化水平低、网箱养殖环境条件恶劣等因素制约下，投饲环节整体机械化水平还较低。2021 年，池塘、网箱和工厂化养殖的机械投饲环节的机械化水平分别为 42.85%、35.26%和 57.31%。

2. 水质调控环节

主要涉及池塘养殖和工厂化养殖。在池塘机械水质调控环节中，主要使用的机械是罗茨鼓风机、水车式和叶轮式增氧机。目前，在池塘养殖中，缺乏经济适用、耐用和可靠性

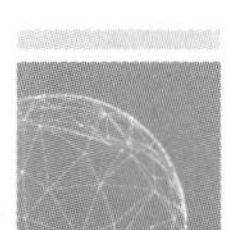

高的溶解氧、氨氮、亚硝酸盐等水质监控设备，使用成本高、推广难度大等问题仍然存在，机械化水平为 65.71%；在工厂化养殖的水质调控环节，水质调控设备应用广泛，其机械化水平基本达到 100%。

3. 起捕（采收）环节

主要应用于池塘养殖、网箱养殖、工厂化养殖和筏式吊笼与底播养殖等各种养殖方式。在池塘养殖的机械起捕环节中，未见使用起捕机械和吸鱼泵等，仍以传统的人力进行拉网捕捞和装鱼车运输为主，机械化水平仅为 8.73%；在网箱养殖的机械起捕环节，涉及的机械为起捕起重船等，机械化水平为 35.63%；工厂化养殖中，部分养殖户采用吸鱼泵等起捕机械设备，但受机械设备性能不稳定、使用成本高、水产品外观受损等影响，尚未得到普及应用，起捕环节的机械化水平为 24.08%；在筏式吊笼与底播养殖的机械采收环节中，仅有部分养殖户在试用没有生产标准和安全鉴定的贻贝收获机、紫菜收割机，以及打桩机等少数几种通用机械设备，机械化水平仅为 14.86%。

4. 清淤（网箱清洗）环节

涉及的养殖方式主要为池塘养殖和网箱养殖。在池塘机械清淤环节中主要使用到农用挖掘机、推土机、清淤机和吸污泵等。目前，挖掘机、推土机属于通用机械设备，在清淤和吸污方面，缺少专用、稳定、适宜的机械设备，机械化水平为 40.50%；在网箱机械清洗环节中涉及的主要是网衣高压清洗水枪，依靠人力操控机械，不够安全和自动化，机械化水平为 21.07%。

5. 投苗环节

涉及的养殖方式为筏式吊笼与底播养殖。主要用于牡蛎、贻贝、蛏子、泥蚶、青蛤、紫菜、羊栖菜等养殖，受养殖品种多样化、生产企业规模较小等因素影响，大多数养殖品种的投苗环节处于无机可用状态，仍以传统的人工作业为主，该环节的机械化水平仅为 15.83%。

三、国内外水产养殖机械化发展经验与可借鉴之处

（一）国外经验与可借鉴之处

自 20 世纪 60 年代起，国外水产养殖发达国家已开始广泛使用各类渔业机械。如美国和丹麦使用气力投饲机投饲，瑞典和丹麦等应用窄轨运输投饲车投饲；日本用水车式增氧机给鱼塘增氧，在鱼塘上使用轨道电动桁车进行搬运作业，用起鱼机、分鱼机对鱼类进行

分级转移。目前，美国、德国、澳大利亚、挪威，以及以色列、日本等渔业发达国家非常重视水产养殖工程技术的研究和应用，在节粮、节地、节水及节能的研究与应用方面成果丰硕，广泛应用标准化、规模化、集约化及工厂化等生态循环养殖模式，基本实现全过程机械化数字化智能化生产，引领着国际先进水产科技发展。例如，澳大利亚研发了基于侦听摄食声音反馈的投饲设备；挪威研发的全自动疫苗接种机，仅由1名操作员操纵，便可自动对鱼进行麻醉和定向分配，并在机器视觉的帮助下确保正确的疫苗接种，每小时可接种和分级高达万尾；挪威、法国、日本等国的渔业协会组织非常完善、服务功能十分强大，在促进水产养殖业技术革新、机械化智能化发展，以及为养殖户提供生产作业、管理和金融保险等社会化服务方面发挥了重要作用。

值得借鉴之处：一是高度重视渔业机械装备的研发与应用，重视对节地、节水、节能、节工等现代水产养殖工程理论与技术的研究；二是大力开展机械化、智能化、信息化高效养殖装备研发与集成应用，推广渔业绿色、高效、规模化、标准化、精准化、智慧化发展模式，实现水产养殖省力、精确、安全和高效；三是渔业协会组织的作用强大，建立政府、科研、企业与养殖生产主体的直接对接平台，保证信息有效沟通和养殖生产一线问题有效解决，促进水产业机械化发展。

（二）国内经验与可借鉴之处

国内水产养殖发展较好的省份有广东、江苏、辽宁等。

1. 广东

是水产养殖大省、强省，养殖产品总量、淡水鱼类养殖产量、池塘养殖产量均居全国第1，海、淡水鱼苗产量、虾苗产量列全国第1。主要经验：一是先行先试，全国较早探索推动水产养殖机械化。从2003年起，专门设置水产养殖机械补贴资金，水产养殖机械补贴数量常年位居全国前列，基本实现了主要环节机械化，部分水产养殖企业已初步实现全程机械化、自动化。定期组织召开渔业（机械）博览会，积极推进渔业产业园、示范区建设，推动水产养殖与机械装备的融合，绿色健康机械化养殖理念深入人心。二是科技引领，模式创新，推动养殖机械化加快发展。在省级农业产业技术体系专门设立了水产技术专家团队和智能装备技术专家团队，注重以科技创新催生养殖新模式、新业态，进而推动水产养殖机械化从单一环节向多环节发展，并逐步实现自动化、智能化。如研制成功“1+

N”型精准投饵设备、智能投饵无人船、工厂化养殖和集装箱养殖技术、“数字孪生＋”养殖技术、“德海一号”大型深远海智能化养殖网箱等。三是产业支撑，要素聚集，推动全产业链机械化、智能化发展。加大各级财政资金投入，撬动社会资本投入，合力推进水产养殖现代农业产业园建设，形成了产业集群，汇聚养殖、育苗、饲料、装备、加工、冷链物流、销售贸易等诸多要素，促进了一、二、三产业融合，推动养殖机械化向全链条、多功能、智能化发展。全省已布局建设了22个产业园，财政资金投入11亿元，撬动社会资本投入超过40亿元，22个产业园养殖面积超过83万亩，深海网箱达到6 400个，生产加工的机械化水平远远高于一般的养殖主体，产生了良好的示范带动作用。

2. 江苏

印发了《关于加快推进渔业机械化高质量发展的实施意见》，从渔业机械化水平、装备发展、示范基地建设和构建新发展格局4个方面提出主要工作目标。到2025年，全省水产养殖机械化水平达到70%以上，主导品种主要养殖环节基本实现机械化；推广新型高效增氧机、投饵机、管护装备等渔业装备超过5万台（套）；5年全省共建设省级水产养殖全程机械化示范基地（园区）20个以上；着力构建机械装备与水产养殖工艺融合、机械化养殖与信息化技术融合、设施装备推广与绿色养殖方式发展相适应、渔业机械社会化服务与现代渔业发展需求相适应的新发展格局。

3. 辽宁省

制定了《辽宁省“十四五”渔业发展规划》，明确2025年水产养殖机械化率≥50%的目标，提出不断提高池塘养殖、筏式养殖、网箱养殖、工厂化养殖等设施装备化水平，提高水产养殖全程机械化水平。加快饲喂、增氧与清淤清扫、疫苗注射、起捕采收、分选分级、保质保鲜，以及水质监控、水草管护、尾水处理等方面的设施装备集成配套，构建标准化、区域化、规模化的全程机械化生产体系，提高单位水体产出率、资源利用率和劳动生产率。推进“互联网＋现代渔业”深度融合，推进水产养殖物联网应用推广，不断提升水产养殖信息化水平。

四、水产养殖机械化存在问题

1. 科研端

研发起步较晚，研发力量重养殖技术轻养殖装备，生产急需、农民急盼的渔机缺乏，

部分环节无机可用。如池塘养殖中，部分池塘面积过大，投饵机动力不足，投饵机不适用于软颗粒、小杂鱼等饲料，水质指标精确检测、使用寿命长的仪器设备缺乏；贝类池塘、滩涂养殖的采捕装备匮乏，贝类收获效率与贝类破损率技术瓶颈亟须突破，鱼虾池塘养殖还是主要靠人工捕获、人工搬运等；海水养殖中，深远海抗风浪专用养殖装备缺乏，浅海养殖技术模式亟待突破。浅海养殖易受台风等影响，适合浙江省海况的养殖工程装备和新生产模式缺乏，亟待推进如柔性可沉降网箱、浅海围网生态养殖、海洋生态牧场等的研发示范与应用。

2. 制造端

适用性好的优质高效的渔机缺乏，部分环节无好机用，如在池塘机械水质调控环节中涉及罗茨鼓风机、水车式及叶轮式增氧机，存在能耗较高，设备耐久性差，溶解氧等水质监控设备缺乏，准确度不高等问题。淡水鱼类池塘养殖的饲料运输和投喂机械缺乏，大多数还是传统的袋装运输和人工投喂方式，还存在水产养殖工人老龄化、劳动强度大、效率低、管理难度大，靠经验、粗放式投喂造成饲料浪费，池塘水面过大、杀菌消毒和过滤设施设备投入过高等问题。在池塘机械起捕环节中，因池塘面积过大，机械难操作，吸鱼泵不适用于不同规格品种的鱼类。同时，受传统的落后养殖观念、养殖规模小等影响，市场对水产机械装备的需求较小，导致相关制造企业不愿意投入研发，造成水产机械装备研发滞后。

3. 推广端

浙江省的渔机装备购机补贴品种少，目前仅有水产养殖机械（增氧机、投饲机）、水产捕捞机械（绞纲机、船用油污水分离装置）和水产养殖水质监控设备等少数几类有购机补贴；水产养殖相关装备缺乏标准化，难以开展大规模推广应用，如在筏式吊笼与底播养殖方面，适用于机械化布放收获的宜机化筏式养殖模式和标准化模块化筏架还较为匮乏，缺少吊养贝类收获工艺技术，缺乏延绳吊养牡蛎、贻贝标准化设计及收获后海上清洗转运等专用系统装备。现有设施设备的作业机械化总体水平较低。

4. 应用端

在池塘养殖中，受养殖规模小而散、养殖池塘土地流转率低、租用时间短和经济实力差等影响，广大养殖户在养殖设施标准化、宜机化基础设施和机械设备等方面不愿投、不敢投的现象十分普遍；在海水养殖中，受台风、赤潮、高温等因素制约，大部分养殖户考

虑投资风险，也存在能不用机械设备的就不用、能降低成本的就不投入等现象；工厂化养殖中，受现有国内水质监测、疫苗注射等设备还不够成熟、精准度不高，以及无好机用影响，养殖户急需、急盼的物美、价格适宜的机械设备研发、推广和应用还有待加强。

5. 服务端

水产养殖产业整体社会化服务缺乏，服务能力水平有待提升。池塘养殖中的清淤、拉网、围网、起捕，网箱养殖中的洗网，滩涂与池塘贝类养殖中的收获等生产环节用工多、强度大、成本高，亟待构建专业化组织，提供社会化服务。目前，为数不多的松散型社会化服务组织均以人力操作为主，且多数工人年龄偏大，面临后继无人或无人可用等困境，需用现代机械装备和信息化手段来提升产业水平，以促进产业社会化服务转型升级。同时，在池塘机械清淤环节中涉及农用挖掘机、推土机、清淤机和吸污泵等大型设备，若个体养殖业主购买，则使用率低易造成长期闲置，难以做好设备的管理维护，需要建立社会服务机构开展产业化、专业化和规模化服务。

五、水产养殖机械化发展对策建议

（一）总体思路

以习近平新时代中国特色社会主义思想为指导，深入贯彻落实农业农村部《关于加快水产养殖机械化发展的意见》和浙江省人民政府《关于推进农业机械化和农机装备产业高质量发展的意见》精神，以服务乡村振兴战略、满足渔民对机械化生产需要为目标，以科技创新、机制创新、政策创新为动力，以补短板、强弱项、促协调为发力点，促进渔机与渔艺、机械化与信息化融合发展，实现研发制造与推广应用协同发展，推动渔业“机器换人”向全程全面高质高效和数字化方向发展，为深入实施乡村振兴和共同富裕战略、高水平推进渔业现代化提供更加有力的支撑。

（二）发展目标

结合农业农村部2025年水产机械化目标任务和浙江省渔业“十四五”发展要求，以全省水产养殖机械化“四分”研究成果为指导，科学谋划“十四五”水产养殖机械化的发展重点、区域布局，深入开展水产机械薄弱环节攻关、水产养殖“双强行动”“一县三基地”

等项目建设和示范创建，力争到 2025 年水产养殖机械化率到达 60% 以上，助推渔业机械化高质量发展。

各养殖模式机械化水平的发展目标及重点工作如下：

1. 池塘养殖

到 2025 年，池塘养殖机械化率的目标是 75%。为达到此目标，需要将该养殖模式机械化水平提高 25 个百分点，应大力推进池塘养殖的水质调控及起捕机械化水平的提高，以及池塘宜机化的改造工程，要把宜机化改造作为一项基础性、关键性工作，推进标准化池塘建设，推动池塘大变小，弯变直，优化渔业机械应用场景，让渔业机械在池塘生产中有用武之地。

2. 网箱养殖

到 2025 年，网箱养殖机械化率的目标是 80%。为达到此目标，需要将该养殖模式机械化水平提高 40 个百分点，这一目标是浙江省未来几年水产养殖机械化发展实施的重中之重，应全面推进该模式下投饲、网箱清洗及起捕机械化水平的提高，以及深远海柔性可沉降网箱、浅海围栏养殖装备的研发与示范推广应用。

3. 工厂化养殖

工厂化养殖具有较高的机械设备配置度，浙江省应当保证工厂化养殖高质量发展，实现全过程机械化，该模式下各机械化指标均达到 100%，需要将工厂化养殖机械化水平提高 35 个百分点，要着重推进投饲及起捕机械化水平的提高，以及无人养殖系统、智慧渔业整套设施设备的研发与应用，充分发挥浙江省在数字化技术方面科技研发与产业优势，引领和支撑该领域国内外研发与应用的发展。

4. 筏式吊笼与底播养殖

到 2025 年，筏式吊笼与底播养殖机械化率的目标是 45%，需要将该养殖模式机械化水平提高 10 个百分点，应持续推进该模式下采收机械化水平的提高，以及强化在贝类机械化播苗、生态采捕及品质提升等设施设备方面的研发与应用，为浙江省增养殖技术与生态农牧化新模式提供装备保障。

（三）主要措施

1. 加大科技研发支持力度

建立以农机管理部门推动、企业为主体、市场为导向、高等院校为依托的产学研用相

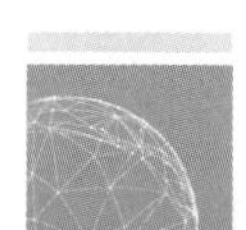

结合的水产养殖机械产业技术创新体系和产业技术创新战略联盟，加大水产养殖机械装备的科技创新、成果转化等各类科技项目的投入，大力支持水产养殖机械工业应用基础研究、行业共性和关键性技术研发，形成一批具有自主知识产权的核心技术成果。聚焦浙江省水产养殖特色，以先进渔业机械为依托，引导规模养殖地区加强标准化、小型化、轻便化、多功能渔业装备的研发应用，重点加快池塘高效增氧、池塘起捕、工厂化养殖、深远海养殖、贝类播种采收等设施设备的示范，推广水质（位）自动感知和鱼苗高效培育、疫苗注射机、水产品采收捕捞等设备，不断提升水产养殖全程机械化生产水平。

2. 大力实施池塘标准化建设

浙江省池塘养殖面积占全省水产养殖面积的1/3以上，单一池塘大小、形状不统一、不标准是造成机械设备难以推广应用的主要障碍。对于大水面池塘，应进行“一分为多”的标准化改造提升，减少单一池塘面积，提高宜机化水平。对于新建池塘，应以现有机械设备能够适配养殖面积为建设准则，规范养殖面积布局，加速推进成套池塘养殖机械设备配置。

3. 积极推进水产机械应用示范体系建设

以水产养殖园区规划设计“生态化”、养殖设施“宜机化”、生产全程“机械化”、渔机渔艺“融合化”、配套保障“规范化”等为建设目标，在水产养殖优势地区率先开展国家级“设施农业和规模养殖全程机械化示范县”、省级“一县三基地”等先行示范区的创建，重点探索布局建设全程机械化应用基地。进一步推广应用工厂化、设施化养殖技术，智能化装备及配套技术，强化生态高效养殖机械设备的示范引领和研究应用平台建设，共同推进水产养殖全程机械化和“机器换人”，促进实现水产养殖高效高质发展。

4. 着力加强渔机社会服务体系建设

鼓励渔业生产经营者成立合作生产经营组织，共同推广、使用、经营水产养殖机械，提高机具利用率，促进渔业生产标准化、专业化和产业化，增强自身服务保障功能，促进渔民增收共富。建立健全政策扶持体系，加大教育宣传力度，引导和支持广大农机社会化服务组织（业主）应用科学发展思维、现代农业视野和机械化数字化智能化手段，打造水产养殖业现代化的社会化服务体系。加快建设以行业大数据为基石、数据挖掘为核心价值、具有产业聚集力的养殖机械产业互联网平台，构建行业协同服务网络，实现对行业数据链与产业服务链的深度融合，为水产养殖行业提供全面的产业服务支撑。建立完善水产

机械检测平台，全面推进渔业机械设备产品推广鉴定大纲和绿色智能渔业设施装备新产品专项鉴定大纲制定，完善鉴定基础设施，进一步提升鉴定能力水平，促进水产机械的企业标准、团体标准和地方标准的建设与推广应用。

5. 加强渔业机械人才培养体系建设

建立渔业机械人才引进和自主培养机制，充分发挥高等院校、职业培训机构、农机技术培训学校的主阵地作用，大力培养企业高端经营管理人才和技工队伍。开展渔业机械实用技能培训，培养渔业机械服务专业实用人才。充分发挥农机政、产、研等部门政策、资金、技术、设备和人才优势，建立功能齐全、保障有力、高效及时的渔机运营服务体系。

附件：

附件 1　浙江省水产养殖机械化问题清单

附件 2　浙江省水产养殖农机装备推广清单

附件 3　浙江省水产养殖农机装备研发清单

附件 1

浙江省水产养殖机械化问题清单

序号	问题领域	问题表现
1	基础设施建设	池塘标准化水平低、大小差异较大，机械操作不适用，相关的渔业设备不易进行推广
2		网箱养殖环境条件受气候影响较大，网箱基础建设发展缓慢，渔业设备运行不稳定，相关渔业设备需要进行人为操作，安全系数不高
3		筏式吊笼与底播养殖的基础水文环境复杂，不利于渔业设备进入和操作，基础设施建设困难、投入资金较大，个人或企业不愿意投入
4	先进适用渔业装备应用	投饲环节：在池塘虾蟹养殖中，全池均匀投喂饲料的机械缺少或者设备设施不稳定；在网箱养殖中，用于定时定量的投喂设备缺少或者需要人进行操作，安全水平和自动化程度低
5		水质调控环节：在池塘养殖、工厂化养殖中，实时监测养殖水体水质情况的设备不稳定、不准确，无法进行水质实时调节，如开启增氧机和更换新水等；缺少高效节能的增氧设备；缺少成熟尾水处理的相关设备和技术
6		起捕（采收）环节：在池塘养殖、工厂化养殖、网箱养殖和筏式吊笼与底播养殖的机械起捕环节和采收环节中，未见大量使用起捕机械设备，仍以传统的人力进行拉网捕捞和装鱼车运输为主
7		清淤环节：在池塘养殖中，机械清淤环节中主要使用农用挖掘机、推土机、清淤机和吸污泵等。目前，挖掘机、推土机属于通用机械设备，在清淤和吸污方面，缺少专用、稳定、适宜的清淤机械设备；缺少池塘清理出的淤泥处理设备和技术
8		网箱清洗环节：在网箱养殖中，网箱机械清洗环节中涉及的主要是高压清洗水枪清洗网衣，依靠人力操控机械，不够安全和自动化
9		投苗环节：在筏式吊笼与底播养殖中，缺少贝类机械化穿苗和播苗设备
10	社会化服务	水产养殖产业整体社会化服务缺乏，整体服务能力水平有待提升
11		池塘养殖中的清淤、拉网、围网、起捕，网箱养殖中的洗网，滩涂与池塘贝类养殖中的收获等生产环节，用工多、强度大、成本高，急需构建专业化组织，提供社会化服务
12		目前，为数不多的松散型社会化服务组织均以人力操作为主，且多数工人年龄偏大，面临后继无人或无人可用等困境
13	政策扶持	政府未设置专门水产养殖机械补贴资金，渔业购机补贴品种少
14		广大养殖户在养殖设施标准化、宜机化基础设施和机械设备等方面不愿投、不敢投的现象十分普遍。同时，在海水养殖中，受台风、赤潮、高温等因素制约，大部分养殖户考虑投资风险，也存在能不用机械设备的就不用、能降低成本的就不投等现象，政策支持不能覆盖或者覆盖面小
15		缺少相关的渔业专业技术人员，地方政策无法完全覆盖和保障相关渔业从业人员的支持政策

附件 2

浙江省水产养殖农机装备推广清单

序号	生产环节	需推广机械	需求程度
1	投饲环节	工厂化自动投饵系统	急需推广
2		虾蟹类多功能投饲机（船）	急需推广
3		网箱自动投喂系统	需推广
4	水质调控环节	水质在线监测系统	需推广
5		微孔曝气增氧机（底增氧）	急需推广
6		全自动水草疏割机械	需推广
7		自动施药施肥机	需推广
8		池塘养殖尾水处理系统	需推广
9	起捕（采收）环节	吸鱼泵	急需推广
10		海带和羊栖菜收割机	需推广
11	投苗环节	筏式养殖夹苗、穿苗设备	需推广
12	其他环节	鱼类疫苗自动注射机	急需推广
13		鱼苗计数器	急需推广
14		水产养殖专用灯具	急需推广

附件 3

浙江省水产养殖农机装备研发清单

序号	生产环节	设备名称	需求程度
1	投饲环节	无人投饲（药）船	需研发
2		基于感知信息和摄食行为的精准投饵控制系统	急需研发
3		鱼类摄食行为视频监控设备	急需研发
4	水质调控环节	精准溶解氧监测探头	需研发
6		节能低排放型调温系统设备	急需研发
7	清淤（网衣清洗）环节	池塘清淤机组（包括污泥浓缩设备）	需研发
8		小型池塘清淤机械（柴油机为动力）	需研发
9		网衣自动清洗机器人	需研发

（续）

序号	生产环节	设备名称	需求程度
10	起捕（采收）环节	池塘养鱼智能分级分选设备	需研发
11		池塘轻简化赶鱼集鱼机械装备	需研发
12		筏式养殖采收、清洗设备	需研发
13		虾蟹智能分级机	需研发
14		螃蟹智能捆扎机	急需研发
15		紫菜收割机	需研发
16	投苗环节	机械采苗器（绳网类附着型采苗器、泥沙类埋栖型采苗器等）	需研发
17	其他环节	智能化鱼苗孵化设备	需研发
18		疫苗自动注射机	急需研发
19		鱼苗计数器	急需研发
20		巡检无人机	需研发

专题九　浙江省中药材产业机械化发展研究报告

一、中药材基本情况

浙江省是全国道地中药材主产区之一，共有药用资源 2 385 种，资源总量和道地药材总数均列全国第 3 位，素有“东南药用植物宝库”之称，有“浙八味”、铁皮石斛、灵芝等道地药材，在全国中医药发展中具有重要地位。但从种植面积来看，浙江省是中药材种植小省，2020 年全省中药材种植面积仅 83 万亩，位居全国第 21 位，排第 1 位的云南省，其种植面积是浙江省的 10 倍。

浙江省 90%以上的中药材产业集中在 43 个山区和半山区县，中药材已成为农业的重要主导产业，也是山区农民增收致富的特色优势产业之一。目前，已有浙东、浙南、浙西、浙北、浙中 5 个优势产区（图 1），形成了磐安县新渥镇、淳安县临岐镇、武义县白姆乡、象山县贤庠镇等 4 个省级以上中药材特色强镇，建设了磐安“浙八味”药材交易市场和淳安千岛湖中药材市场。

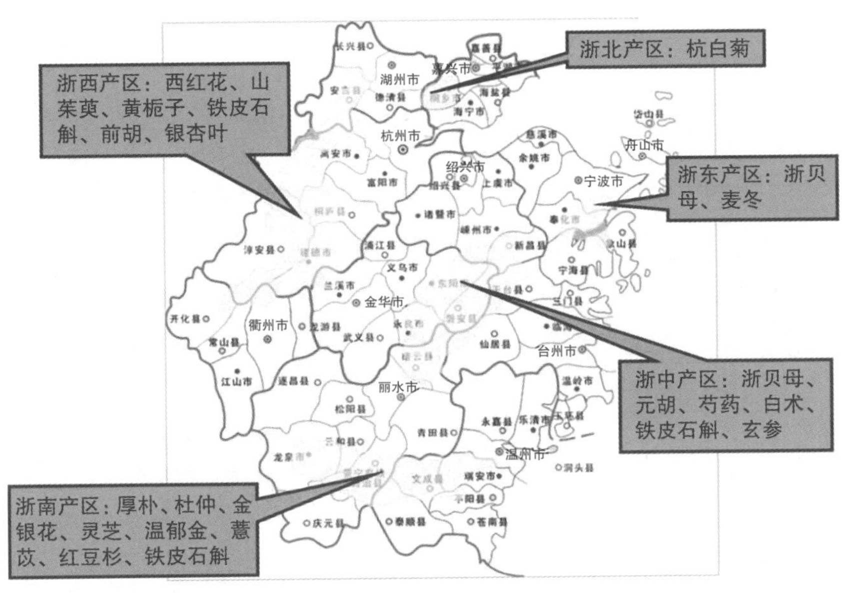

图 1　浙江省中药材布局

据不完全统计，浙江省中药材种植主要有 50 多种。2020 年种植总产量 27.2 万吨，总产值 67.0 亿元。其中，浙贝母种植面积和产量约占全国总量的 90%，杭白菊产量约占全国总量的 50%。从入药部分来分，可将浙江省种植中药材分为根及根茎类、花类、果实种子类、植物全草类和菌藻类等五大类。其中，根及根茎类种植面积最大，占浙江省种植面积 25%以上，其次是果实种子类，占浙江省种植面积 19.9%（表 1 至表 3）。

表 1　浙八味种植情况（截至 2020 年）

中药名	浙贝母	元胡	白术	玄参	杭白菊	温郁金	杭白芍	浙麦冬
种植面积/万亩	5.17	3.98	2.60	0.09	5.84	1.65	0.77	1.27
产量/吨	23 200	12 800	7 400	300	12 500	6 000	1 500	1 000
产值/万元	56 387	19 458	7 326	327	45 569	8 881	2 289	2 110

表 2　新“浙八味”种植情况（截至 2020 年）

中药名	铁皮石斛（干品）	衢枳壳	乌药	三叶青	覆盆子	白花前胡	灵芝（子实体）	西红花（花丝）
种植面积/万亩	5.56	7.60	0.40	1.55	9.86	1.64	0.33	0.49

（续）

中药名	铁皮石斛（干品）	衢枳壳	乌药	三叶青	覆盆子	白花前胡	灵芝（子实体）	西红花（花丝）
产量/吨	10 800	6 200	20	800	5 300	2 800	1 000	3
产值/万元	231 592	15 992	400	29 296	31 008	7 295	20 862	11 640

表 3　2020 年浙江省主要中药材分布情况

中药材种类	种植面积/万亩	主要县市	主要产品
根及根茎类	21.37	临安、淳安、桐庐、海曙、慈溪、瑞安、安吉、新昌、东阳、磐安、江山、龙游、三门、天台、仙居、温岭、黄岩、龙泉、缙云、庆元、遂昌、景宁、青田、松阳、云和	浙贝母、元胡、浙麦冬、半夏、三叶青、黄精、白及、杭白芍、白术、玄参、温郁金
花类	8.23	武义、建德、桐乡、青田、平阳	杭白菊、西红花、金银花、黄菊
果实种子类	16.61	柯城、常山、江山、仙居、景宁、青田、文成、苍南、泰顺、桐庐、淳安	衢枳壳、覆盆子、黄栀子、山茱萸
植物全草类	5.26	开化、衢江、诸暨、义乌	白花蛇舌草、益母草
菌藻类	7.34	临安、桐庐、建德、永嘉、乐清、诸暨、嵊州、义乌、兰溪、武义、天台、黄岩、龙泉、庆元	铁皮石斛、灵芝

二、中药材机械化发展情况

机械化种植中药材，可以有效减轻药农工作量，提高药农经济效益。目前，浙江省中药材综合机械化水平偏低，从生产环节看，可将浙江省中药材机械化种植大致分为耕整地、种植、田间管理、采收及清洗烘干等 5 个环节。按照各环节机械化水平测算，仅为 36.14%，与水稻等主要农作物相比差距较大。中药材各种类、各环节机械化的发展水平也极不平衡。其中，种植、采收等关键环节仍是短板弱项，耕整地、田间管理、烘干等环节机械化水平相对较高，详见表 4。

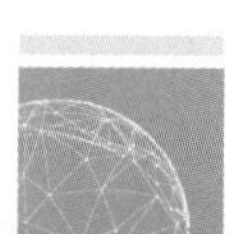

表 4 浙江省各类中药材机械化水平情况

中药材种类	整地环节	种植环节	田间管理环节	采收环节	清洗烘干环节
根及根茎类	62.01%	6.89%	44.63%	3.45%	37.89%
花类	100%	25%	50%	0	100%
果实种子类	50%	0	75%	0	50%
植物全草类	50%	20%	25%	0	50%
菌藻类	53.64%	0	62.33%	0	100%

注：本表数据来源于浙江省内中药材种植大户上报数据统计分析。

（一）整地环节

中药材耕整地环节，包括深耕、碎土、开沟、起垄、整形等作业。中药材种植基本在山区和半山区，种植区块小，大型拖拉机等难以开展作业，主要采用小型拖拉机带旋耕机或微耕机进行作业，机械化水平为 63.12%。在不同种类上，该环节机械化水平不平衡，以杭白菊为代表的花类整地环节基本实现机械化作业，而植物全草类、果实种子类整地环节仅为 50%。

（二）种植环节

中药材品种多，播种要求各异。以根及根茎类为例，黄芪采用平栽，党参采用覆膜露头栽，当归采用立栽，大黄采用斜栽，栽培方式的不同需要不同机械配套。同时，还要考虑不同品种种子的千粒重、形状及株行距、播种量、套种、间种、条播、穴播等农艺要求，市面上的播种机难以满足，目前仅部分农户在花类、植物全草类种植时会采用改进后的蔬菜移栽机进行种植，其他根及根茎类、果实种子类、菌藻类在种植环节仍基本停留在人工阶段。全省中药材种植机械化水平仅为 11.38%。

（三）田间管理环节

不同种类中药材的田间管理作业内容不同。根及根茎类田间管理作业内容主要包括植保、施肥、除草、摘花等，花类田间管理作业内容大致包括植保、施肥、除草、灌溉、打顶等。果实种子类、菌藻类田间管理机械化水平较高。同时，花类、根及根茎类、植物全草类因品种不同，作业内容也不同，机械普及率相对较低。此外，中药材种植地形复杂、模式多样，通用的高效植保机械如自走式高效植保机、无人机等难以开展作业，现主要使用电动喷雾器进行施药作业，中药材产业田间管理（仅植保）机械化水平达到 51.39%。

（四）收获环节

入药部位的不同导致了收获的多样需求，花类及果实种子类需要采摘装置，根及根茎类需要挖掘装置。以根及根茎类为例，每个药材品种的直径、生长深度等物理特性差异很大，有深根型、浅根型及颗粒型等，收获机械的通用性较差，需要根据不同品种药材的生长特性，采用不同的机具和收获方式，才能保证药材的收获质量。现仅有少数根及根茎类品种利用收获机械进行收获作业，其作业效果并不理想。其他品种尚无可用机械装备，均靠人工采收。浙江省中药材产业收获机械化水平仅为 0.69%。

（五）清洗烘干环节

中药材的清洗烘干环节包括脱皮、清洗、切片、烘干等作业。清洗烘干环节基本上由负责收购的具有 GMP 认证的中药材产地加工企业（合作社）承担。从产地加工企业加工情况来看，根及根茎类因根茎脆易断、药材与土壤分离不彻底等原因，清洗环节基本停留在人工操作。切片环节基本实现机械化作业。花类、菌藻类基本上采用茶叶烘干设备进行烘干处理，机械化水平较高，达 67.58%。

（六）设施机械化

浙江省铁皮石斛和灵芝、西红花等中药材大部分采用设施栽培。在设施栽培过程中，除温湿度控制、施肥、喷淋滴灌等实现机械化作业，其他耕整地（苗床准备）、种植、采运等环节以人工操作为主。以铁皮石斛为例，在种植环节形成了活树附生、椴木盆栽、岩壁附生等多样化的栽培模式，主推仿野生种植，极不利于机械化生产作业。

三、国内外中药材机械化发展现状

（一）国外药材产业机械化发展现状

1. 韩国人参种植已实现全程机械化

韩国在人参播种、移栽、灌溉、收获均已经实现了机械化，并制定了相应的规范化种植标准。韩国的人参收获机以专业、中大型动力配套为主，具有作业效率高、破损率低的

特点。近年来，韩国人参机械正朝着系列化、智能化方向发展。但韩国人参栽种的角度和畦床宽度等农艺要求与我国有较大差别，其设备很难在我国直接使用。

2. 日本药材种植推行规范管理

日本在国内外的药材种植，都必须遵循厚生劳动省2003年9月颁布的《药用植物种植和采集的生产质量管理规范》。在此基础上，2014年日本汉方制药协会又自主制定公布了《药用植物的栽培、采集、加工指南》，对药用植物的种质资源、栽培采集、加工处理等全过程的管理做出了更严格、更细致的规范，在药材种植上推行规范化管理。

（二）国内中药材产业机械化发展现状

1. 贵州省中药材机械化发展措施

贵州省是我国中药材种植大省，其种植面积位居全国第2。在推动中药材产业机械化发展上，一是制定中药材生产机械化发展总体规划，重点鼓励规模化、集约化、产业化经营。二是财政设立专项发展中药材生产机械化资金，并纳入财政预算，有计划有步骤地投入，从而加快中药材生产机械化进程。三是层层建立试验、示范基地。通过建立示范基地带动中药材机械化产业发展。四是加强农机化技术服务体系建设。重点鼓励和引导农机经营者建立各种中药材服务组织和服务队；同时培训一批农艺、农机技术骨干力量，从而推进中药材生产机械化技术迅速发展。

2. 国内中药材机械研发现状

中药材收获环节用工量大，机械化发展较为薄弱，国内企业、科研院校对该环节研发关注较多。在根及根茎类收获机械研究上，主要形成了深根型收获机械、颗粒型根茎收获机械和浅根型根茎收获机械三大类，金银花、菊花采摘机等花类及果实类中药材收获机大多处于专利技术及样机试验阶段，未能大规模推广应用。

四、中药材产业机械化存在问题

（一）种植模式复杂，机械化适配难度高

中药材品种多，种植方式多样，有常规种植，也有林下套种，缺少标准化栽植模式研究。从各环节机械化情况来看，现有的耕整地及清洗烘干机械能满足生产需要，田园管理、栽植

（播种、移栽、扦插）环节及山区林下种植模式，大部分依靠人工作业，适用的种植、收获装备还基本处于空白阶段。急需农机与农艺融合，因地制宜，用养结合，改变栽培模式，便于机械化作业，提高标准化水平。

（二）经营规模小，机械化需求不强烈

中药材种植注重“一村一品”、注重道地性，户均经营规模小，90%以上种植规模在10亩以下，种植规模低、小、散。从机械化需求来看，种植规模小，经营户一般夫妻2人能满足种植生产需要，用工矛盾不突出。同时，采用机械作业，需购置机具、改造园地等额外投入，生产成本增加，效益不明显，主体应用推广机械化的需求不强。

（三）自主创新能力薄弱，专用型机具缺乏

中药材机械化制造水平低，龙头企业少，生产经营规模小，科研创新能力弱，生产工艺简单，加工能力不足，可靠性较差，对产业拉动能力不够。企业由于长期科研投入不足，致使研发手段落后，多为跟进仿制，核心技术匮乏，新产品贡献率低，科研成果质量不高，导致行业产品档次低、同质化严重，缺少拥有自主知识产权的核心技术。

（四）保障机制不健全，机械化推广缺少动力

一方面，中药材生产主体中缺乏熟悉农艺、农机的专业人才，绝大部分在50岁以上，且文化程度不高，对新知识接受能力较低，影响了中药材生产机械化技术的接受和推广。另一方面，中药材机械化社会化服务供给不足，合作社端缺资金、缺技术、缺人才，配套机械较少，服务领域和范围窄，辐射带动能力差;农户端种植基础设施差,缺乏经营管理和专业技术人才,作业相对单一,机具的使用率低,无法形成有效的服务对接。

五、中药材机械化发展路径探讨

（一）总体思路和总体目标

1. 总体思路

围绕高质量发展建设共同富裕任务，以推动中药材机械化向全程全面高质高效发展为

目标，加快中药材生产薄弱环节机械的研制、引进、示范、推广，大力扶持家庭农场、专业合作社、龙头企业、农机专业合作社等新型经营主体发展，创新中药材农机作业社会化服务模式，全面提升中药材产业装备、作业、服务和科技水平，有力推动浙江省中药材产业高质量发展。

2. 总体目标

按照浙江省“一年大突破、三年大跨越、五年创一流”的工作要求，到 2025 年，有一定基础的根茎类中药材关键薄弱环节的机械化取得显著进展；到 2035 年，根茎类中药材种植实现全程机械化作业，其他中药材关键环节机械化取得实质性突破，建成一批机械化生产模式的省级“道地药园”示范基地、若干个道地中药材生产全程机械化技术模式。

（二）主要措施

1. 加快关键环节装备研发

以丘陵山区适用小型农业机械推广应用先导区建设为平台，以农机研发制造推广应用一体化项目、农业“双强”项目实施为依托，强化中药材农机装备需求清单、推广清单的应用，以根茎类中药材机械化种植、采收为重点，推行“科研院所 + 优势企业 + 基地农户”的中药材机械研发模式，做到边试边改边用，突破作业环节瓶颈。

2. 推动中药材规模化种植

充分发挥磐安“江南药镇”、淳安临岐中药材特色强镇等集聚效应，积极推动规模化基地建设，组织大型药企开展“百企联（建）百园”，鼓励中药生产、加工和销售企业投资建设中药材生产基地，或采用“公司 + 基地 + 农户”模式，与基地建立紧密合作关系，扩大中药材种植规模。

3. 提升中药材种植标准化

选择种植面积大、基础条件好、农民有迫切需求的中药材品种，围绕关键生产环节，实施重点突破；针对重点薄弱环节，优化机具配套方案，研究总结中药材生产全程机械化示范技术模式、装备配套模式和生产经营模式，实现同种药材同类区域可复制、可推广的中药材生产全程机械化技术模式。

4. 加大示范推广力度

依托“道地药园”、中药材 GAP 基地等示范基地建设，坚持重点产区“一县一方

案”、特色小镇“一镇一方案”，围绕生产加工设施装备水平提高，加快推进中药材生产机械化农艺农机融合、农机新产品试验，带动中药材机械化水平提升。充分发挥浙江省中药材产业技术创新与推广服务团队、科研院校等专家作用，建立联基地、联农户对接服务机制，加快先进适用技术研发推广。

附件：

附件 1　浙江省中药材产业机械化问题清单

附件 2　浙江省中药材产业农机装备推广清单

附件 3　浙江省中药材产业农机装备研发清单

附件 1

浙江省中药材产业机械化问题清单

序号	问题领域	问题表现	
1	机械装备	耕作机械	传统机具耕深浅，制约药材生长的纵向发育，使药材主根短，分叉多、品质低
2		灌溉设备	固定喷灌设备投资大，对水清洁度要求高，喷头易堵塞。移动及半固定设备效率不高
3		植保机械	机动植保机械农药利用率、作业效率不高，污染环境和农药残留。无人机作业效果与防治要求存在差距。林下套种模式均采用人工作业
4		收获机械	中药材品种多，收获方式也不一样。以根茎类为例，收获时药材不能损伤，以免影响药效；土壤与药材分离不干净等
5		清洗机械	中药材清洗环节费工、费时、用水量大，浪费水资源严重，效率低
6		烘干机械	普遍存在能源消耗高、生产效率较低等
7	农机农艺融合	种植农艺	不同中药材种植模式不一样。同一种药材不同农户种植农艺也不一致
8		作业标准	中药材种植管理农艺标准不健全，缺少依据药材农艺标准制定的机械作业标准
9		加工工艺	缺少获得不同药材加工品质最佳的设备工艺参数
10	基础设施条件	地块不规则	中药材地块形状不规则、细碎分散，种植坡度较大，作业面较小或不平整
11		道路条件差	地头缺少机械作业转弯掉头空间，作业道路不完善
12	农机社会化服务	服务组织缺	没有专门从事中药材机械化作业服务的农机社会化服务组织
13		服务内容少	目前中药材生产管理机械化作业服务组织空白
14	其他方面问题	机械自动化智能化低	除植保无人机和大棚设施外，绝大部分作业机械需要较多人工操作，自动化智能化的机械装备总体上处于研发阶段

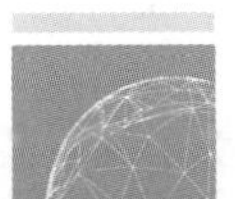

附件 2

浙江省中药材产业农机装备推广清单

序号	生产环节	需推广机械
1	耕整地	捡石机
2		深松机
3		起垄机
4		多功能田园管理机
5	田间管理	撒肥机
6		中耕除草机
7		植保机械
8		智能化肥水一体化设备
9	清洗烘干	清洗设备
10		烘干设备
11	大棚设施	高标准大棚
12		配套设施装备
13	智能化农机装备	智能化种植工厂成套设备
14		智能化物联网控制系统

注：优先推广清单中列出的前 10 项。

附件 3

浙江省中药材产业农机装备研发清单

序号	生产环节	需研发机械
1	耕整地	中小型拖拉机
2	种植	根及根茎类中药材播种机
3		全（半）自动中药材移栽机
4	田间管理	中耕除草机
5		林下除草机
6		打顶机
7	收获及收获后处理	中药材收获机
8		烘干设备
9	智能化农机装备	农业设施物联网智能管控装备

注：优先研发用于根及根茎类中药材的相关装备。

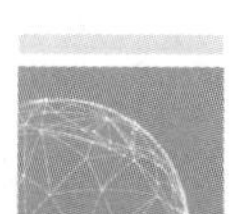

专题十　浙江省设施种植产业机械化发展研究报告

一、设施种植产业基本情况

自2009年印发《浙江省人民政府办公厅关于大力发展设施农业的意见》以来，全省设施种植面积稳步发展，设施结构不断优化，生产水平逐年提高，产业贡献日益提升，在增加农民收入和实现乡村振兴中发挥了积极作用。

（一）设施种植规模稳步发展，设施种植产业带初步呈现

2011—2020年，全省设施种植规模从244.64万座、149.65万亩增加至301.64万座、182.96万亩，主要集中在台州、嘉兴、宁波、金华和湖州等地，占全省设施总面积近70%，年均增长率约2.3%（图1、图2）。从栽培情况来看，设施栽培面积461.65万亩，设施栽培作物从蔬菜瓜果扩大到花卉、水果、茶叶、食用菌等多种经济作物上，形成了以

杭嘉湖及东南沿海等地区为主的设施蔬菜瓜果产业带，浙西南设施食用菌产业带，以及以浦江大棚葡萄、台州大棚西瓜、温州乐清温室铁皮石斛等为代表的设施园艺基地。

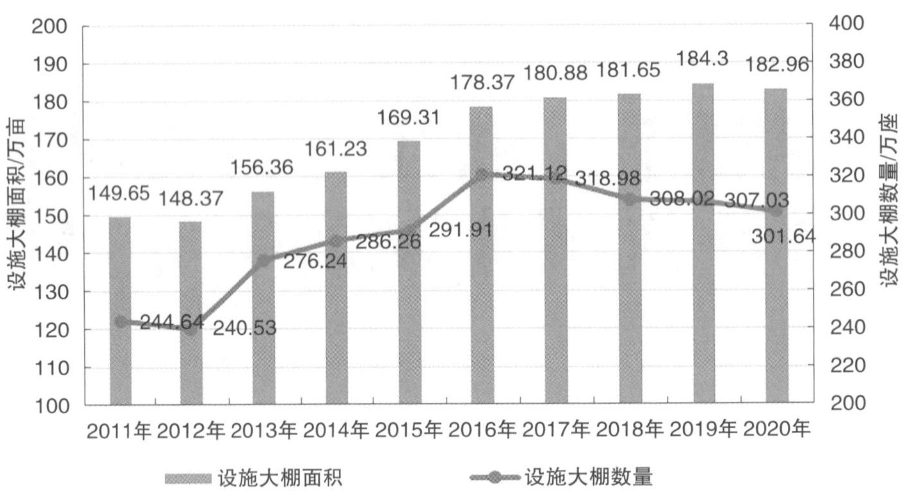

图 1　2011—2020 年全省设施大棚面积情况

注：1.《浙江省农业调查统计报表制度》中设施大棚包含玻璃温室、连栋大棚、单栋大棚、普通大棚和季节性大棚。其中，玻璃温室、连栋大棚和单栋大棚属于标准棚，用于农机化水平评价，普通大棚和季节性大棚属于非标准棚。

2. 数据来源：浙江省农业生产统计资料。

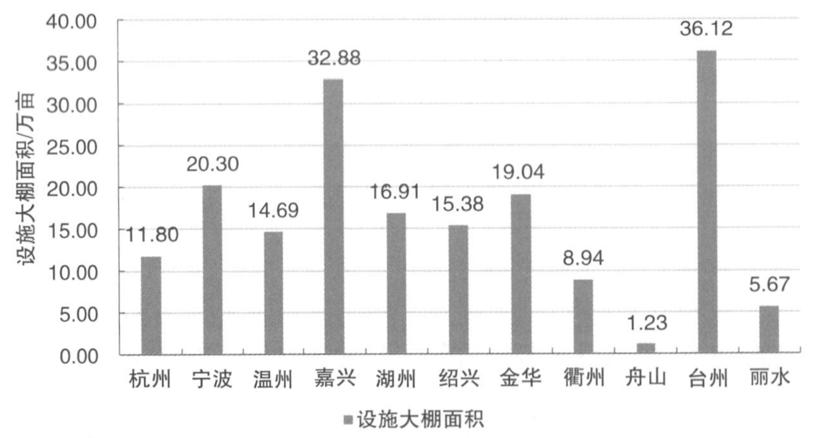

图 2　2020 年全省设施面积情况

（数据来源：浙江省农业生产统计资料）

（二）设施结构不断优化，生产水平逐年提高

2010 年，浙江省在全国率先将设施农业钢架大棚（含玻璃温室）纳入中央农机购置补贴范围，在补贴政策的促动下，设施大棚数量快速增长，大棚结构也由塑料向钢架、由单栋向连栋、由普通型向智能型温室转变，设施结构不断优化。同时，棚内适用的耕种、喷滴灌、智能化施肥装置、环境控制等设施装备及设施农艺得到广泛应用，推动了浙江省设施种植发展生产水平的全面提升。

（三）设施种植产业贡献日益明显，农民收入持续增加

设施种植改变了生产条件，实现了一年多熟生产、一茬反季上市的高效种植模式，极大地提高了土地产出率和主要农产品供给能力。2020 年，全省设施蔬菜种植面积占蔬菜种植总面积 38%以上。设施种植亩均效益远超传统露地生产方式，在 12 个设施蔬菜重点县（市、区）设施蔬菜产业对农村人均收入的贡献超过 1 万元，成为农民增收的重要渠道。

二、设施大棚建设情况

（一）设施大棚组成情况

2020 年，全省设施大棚面积 182.96 万亩。其中，标准棚（单体大棚、连栋大棚和玻璃温室）和非标准棚（普通大棚和季节性大棚）分别为 89.558 万亩和 93.4 万亩，占比分别为 49%和 51%，见表 1。

表 1　2020 年全省设施大棚面积情况

类别	名 称	设施大棚面积/万亩
标准棚	单体大棚	67.35
	连栋大棚	21.77
	玻璃温室	0.438

（续）

类别	名 称	设施大棚面积/万亩
非标准棚	普通大棚	56.16
	季节性大棚	37.24

注：数据来源于浙江省农业生产统计资料。

（二）标准棚结构情况

浙江省主推的标准棚有 GP-C622、GP-C825 和 GP-C832 型单栋大棚，GP-L622 和 GP-L832连栋大棚，GP-V96、GP-V108 和 GP-V120 玻璃温室。2020 年，全省标准棚以单体大棚为主，占比高达 75.2%，连栋大棚和玻璃温室占比分别为 24.3%和 0.5%，见图 3。

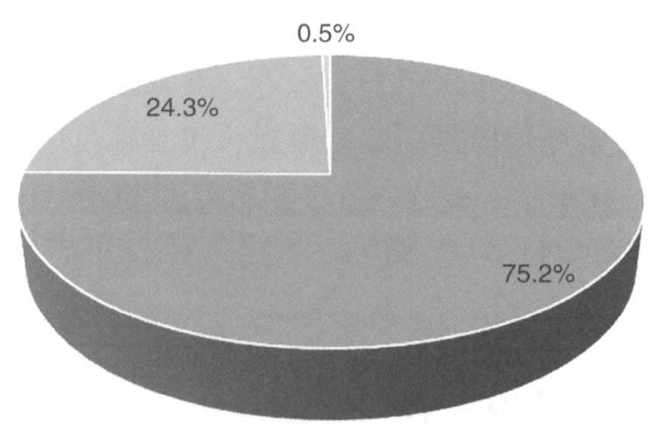

图 3　2020 年全省标准棚结构情况（%）
（数据来源：浙江省农业生产统计资料）

（三）标准棚建设情况

2011—2020 年，全省标准棚面积由 61.23 万亩增加至 70.05 万亩，年平均增长率约 1.4%，全国、江苏和安徽年平均增长率分别为 8.7%、32.2%和 78.8%，浙江省标准棚建设增长率明显偏低，详见图 4。

全省标准棚面积占比和排名在全国呈下降趋势，2011—2020 年占比从 3.3%降至 2.5%，设施大棚面积排名从第 7 名降至第 13 名，江苏、安徽设施大棚面积排名分别由第 4 名上升至第 1 名、第 22 名上升至第 11 名，详见图 5。设施大棚面积全国排名前三的为江苏、山东和辽宁，在全国占比分别为 17.6%、16.3%和 9.8%。

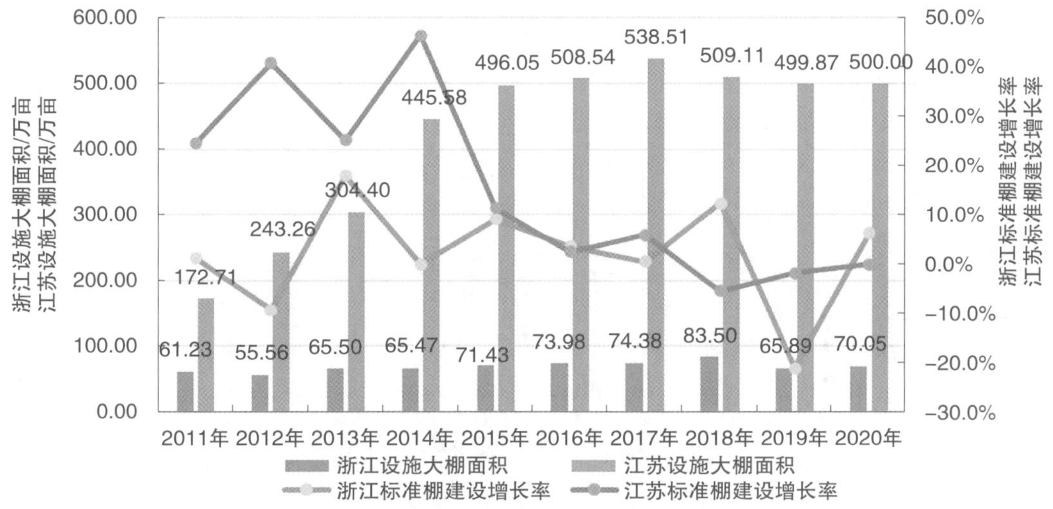

图 4　2011—2020 年浙江、江苏标准棚面积和增长率情况

（数据来源：《中国农业机械化统计年鉴》）

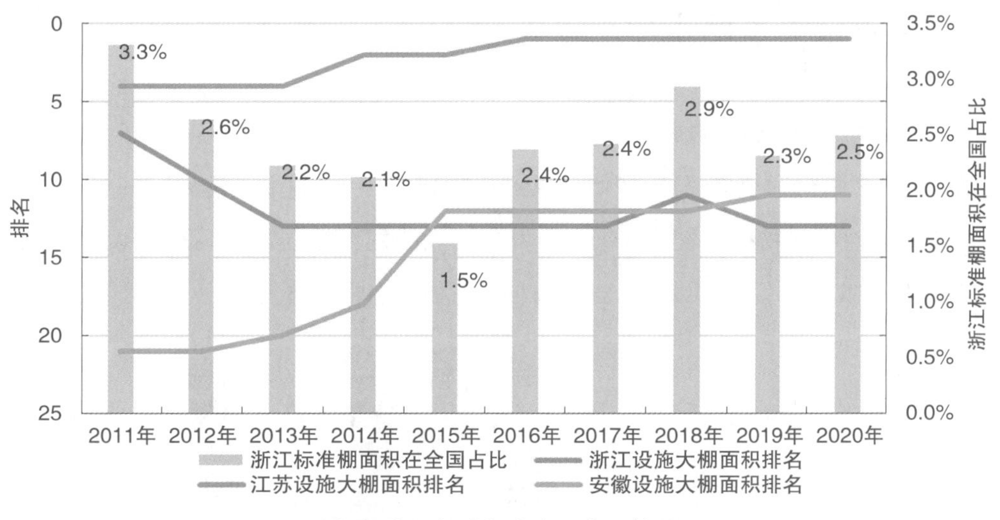

图 5　浙江标准棚在全国占比情况

（数据来源：《中国农业机械化统计年鉴》）

（四）不同区域建设规模

浙江省不同区间设施大棚建设规模很不均衡。2020 年，台州、嘉兴和宁波等以平原为主的地区设施大棚面积较大，分别为 36.12 万亩、32.88 万亩和 20.30 万亩，衢州、丽水和舟山等以山区海岛为主的地区设施大棚面积较少，分别为 8.94 万亩、5.67 万亩和 1.23

万亩。同样，以平原为主的地区设施大棚面积与耕地面积占比较大，山区海岛县较小，最大为台州市 12.5%，最小为丽水市 2.2%，见图 6。

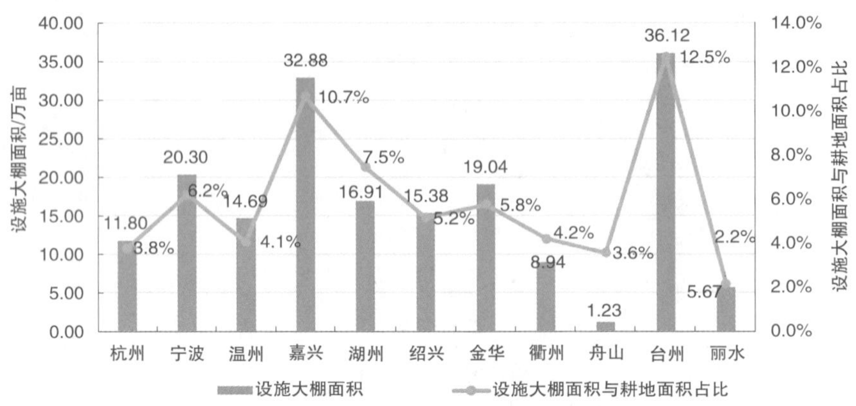

图 6　2020 年全省设施面积、占比耕地情况

（数据来源：浙江省农业生产统计资料）

三、设施种植机械化基本情况

2020 年，浙江省设施机械化水平为 31.56%，落后于全国平均水平 8.44 个百分点，与江苏差距近 25 个百分点（图 7）。按照《农业机械化水平评价 第 1 部分：种植业》（NY/T 1408.1—2007）对农作物耕种收机械化水平发展阶段的划分标准，初级阶段＜40%，中级阶段 40%～70%，高级阶段＞70%，全省设施种植机械化水平总体上还处于初级阶段。

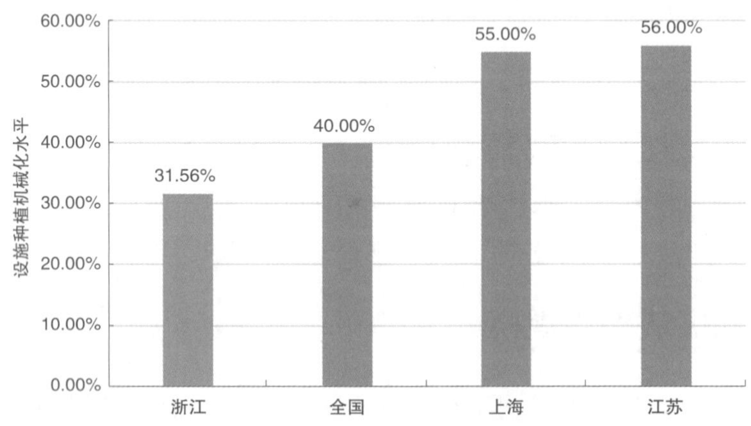

图 7　2020 年全国、浙江、江苏和上海设施种植机械化水平

（数据来源：中国农业机械化发展研究中心、浙江省农业农村厅畜牧农机发展中心）

（一）不同地区机械化水平

2020 年，宁波、杭州、嘉兴、丽水等 4 个市设施种植机械化水平在全省处于前列，迈进了中级阶段，台州、衢州、湖州、温州、金华、绍兴、舟山等 7 个市仍处于初级阶段。位于中级阶段的宁波、嘉兴、杭州、丽水等机械化水平均超过全省或达到全国平均水平（40%），其他市均低于全省平均水平。设施种植机械化水平最高和最低分别是宁波市 46.3%、舟山市 22.23%，最高水平与最低水平相差约 24 个百分点（图 8）。

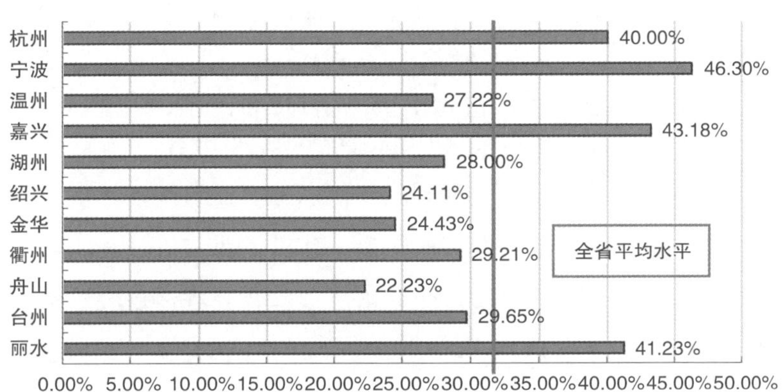

图 8 2020 年全省设施种植机械化水平
（数据来源：各市上报数据）

（二）不同环节机械化水平

2020 年，全省设施种植耕整地和灌溉施肥环节机械化水平较高，分别达到了 90.04% 和 69.52%，均领先全国平均水平。但在种植、采运、环控 3 个环节的机械化水平极低，仅为 8.93%、7.49%、11.2%，与全国、江苏省差距较大，严重制约了浙江省设施种植机械化发展水平（图 9）。

四、国内外设施种植机械化发展经验借鉴

（一）国外设施种植机械化现状及主要做法

1. 荷兰设施农业发展经验

荷兰人均耕地面积 0.9 亩，拥有全球 25% 的玻璃温室，其无土栽培番茄、黄瓜年产量

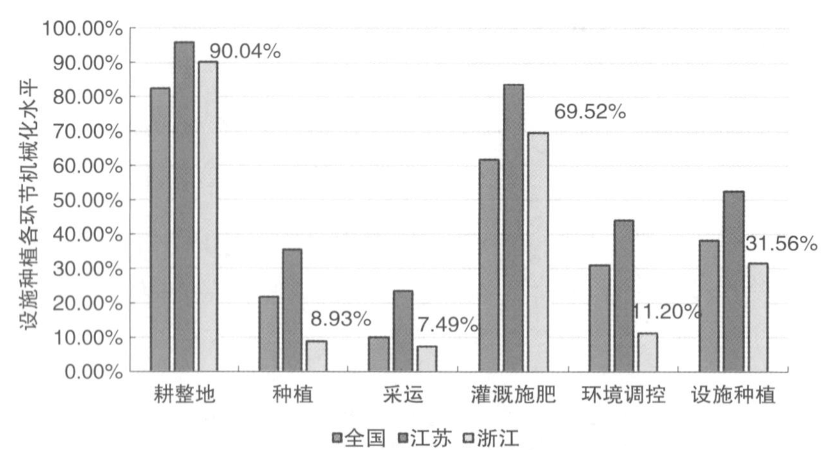

图 9　浙江、江苏和全国设施种植各环节机械化水平对比

（数据来源：中国农业机械化发展研究中心、浙江省农业农村厅畜牧农机发展中心）

分别达 80 千克/米²、100 千克/米²，是我国的 3 倍以上。在政策扶持上，将园艺作为优先发展领域，成立创新创业基金鼓励企业创新研发，并提供政策性低息贷款、对有机种植等发展方向进行补贴，引导设施农业经营主体从粗放型经营向绿色集约型经营转变。在经营上，荷兰设施栽培推行“五化”经营，即品种专一化、生产标准化、精细化、智能化、经营规模化，极大地提高了生产效益。在服务支撑方面，荷兰强化设施农业相关标准制定，通过农业专业合作社开展供销、生产、信用方面的合作，做好设施农业经营主体服务。

2. 以色列设施农业发展经验

同样面临着耕地资源制约的以色列，自 20 世纪 80 年代起积极发展设施农业，主要用于生产鲜切花和种植番茄、黄瓜和甜椒等蔬菜作物，目前已经全部实现自动化控制，在设施灌溉技术方面处于世界领先地位。一是专项补贴推动绿色发展。鼓励利用环境友好、可循环使用的薄膜等覆盖材料，并应用滴灌、光谱控制技术，使得水肥光热达到最佳的适宜条件，提升产量。二是规模化种植，蔬菜农场规模 60～90 亩，花卉农场规模在 120 亩左右。三是农业产业化经营。农民负责种植和养殖管理，社区公共产品、农产品购销、农技服务等由合作组织承担，对设施种植进行订单式管理，通过农业合作在加工等流程上一体化处理，实现利益保障机制的灵活处理。

3. 日本设施农业发展经验

为了缓解农业劳动人口数量减少及日趋老龄化的冲击，日本大力发展设施农业，同时开发出与大都市空间相适应的新鲜农产品供应体系，其设施农业总体量不大但特色鲜明：

一是注重开发节省人力的小型温室机械，发展立体化种植等技术。二是重视运用高附加值、紧凑型、全程精细控制的植物工厂技术。三是注重政策扶持设施农业发展。1969—1995年，政府财政补助温室建设费用的90%，对小型水利设施的建设给予80%～90%的财政补贴，农机购置补贴达75%。四是充分发挥农协作用。日本农业协同工会除了对区域内农产品流通渠道有较好的管理、控制和协调外，还拥有合作金融体系，为农户提供信贷支持。

（二）国内设施种植机械化主要做法

1. 江苏省

一是加大财政扶持。江苏省为投入设施农业生产的农民提供资金贷款和财政补助，根据1∶1匹配的原则，在国家政策的基础上，乡镇以奖励的方式实现对设施农业的补贴；二是根据市场需求，有针对性发展设施农业，并通过延长农业的产业链条，带动设施农业向效益化和规模化发展。

2. 上海市

上海市出台设立《都市现代农业发展专项项目和资金管理办法》，明确农业生产能力项目（粮食、蔬菜生产设施建设）由财政资金全额保障；农业生产能力项目（畜牧、水产、经济作物生产基地建设）财政资金投入原则上不超过项目总投资70%；农业产业化经营项目、农业新业态培育项目，财政资金投入原则上不超过项目总投资50%。

五、设施种植机械化发展存在问题

（一）设施布局规划粗放

虽然浙江省形成了具有特色的杭嘉湖设施蔬菜瓜果产业带、浙西南设施食用菌产业带，但在区域范围内，设施缺少科学的规划布局，设施种植仍然以个体农户分散经营为主，建设分散，户均承包的设施面积不超过10亩，未能集中连片，形成规模。设施种植品种多，部分园区种植多达10余种作物，专业化程度低。

（二）基础设施建设水平低

普通大棚和季节性大棚等非标准棚种植面积占比51%，标准棚中单体大棚面积占比高

达 75%，单体大棚简陋、宜机化能力差，存在空间小、棚门小、道路窄且不连通等问题，限制了农业机械的应用，部分大棚甚至没有通电。在环境调控方面，绝大部分单体大棚基本上靠手动控制卷膜通风；连栋大棚虽通风降温等实现了自动控制，但室外遮阳自动化程度低。设施大棚建设缺乏有效的建设标准，建设中存在使用镀锌管类型不一、拱杆壁厚有误差、卡槽卡簧质量较差等问题，建设过程中缺少监管，导致建设中钢材结构强度不够、棚体结构不坚固等现象，影响了设施抵御自然灾害的能力。针对山地适用、育（苗）秧、蔬果等专用棚的建设标准尚属空白。

（三）农机装备有效供给不足

从机械化增长情况来看，设施种植机械化水平的提升主要是耕整地和灌溉施肥环节，种植、采运和环境调控机械化水平基本处于零增长（表 2）。一是种植、采运和环境调控等环节农机装备供给不足。适用于黏质土壤的国产精量播种、育苗嫁接、移栽收获等机具开发滞后，进口机械购置、使用和维修成本高，农户购机能力不足，机械化水平仅 8.93%；采运环节以运输装备为主，采收机械处于无机可用状态，机械化水平仅 7.49%；环境调控环节在 5 个环节中权重最大，然而全省环境调控以手动控制为主，机械化水平仅 11.2%。种植、采运和环境调控环节机械水平化极低是制约全省设施种植机械化发展的主要原因。二是机具作业质量不高。耕整地环节虽机械化水平高达 90.04%，但存在整地不平、垄高不够、表面土整得不够碎等问题，影响后续种、管、收作业；灌溉施肥环节机械化水平达到 69.52%，但国产灌溉施肥机准确度较差，滴灌带差距大，高精度喷滴灌设备依靠进口等问题亟待解决。

表 2　设施种植不同环节机械化水平增长情况（%）

地区	耕整地	种植	采运	灌溉施肥	环境调控	综合机械化水平
2019 年	87.14	8.81	6.36	58.58	10.72	29.54
2020 年	90.04	8.93	7.49	69.52	11.2	31.56
增加值	2.90	0.12	1.13	10.94	0.48	2.02

（四）融合发展不足

在农艺农机融合上，设施种植种类多、适宜机械化的品种少，种植垄宽、行数没有充分考虑机械作业要求，缺乏适合不同地区、作物、设施类型和栽培模式的设施种植栽培量化技术标准和规范，多靠经验进行生产。在设施化、智能化融合上，设施种植机械自动化智能化低，除环境调控设备外，运用物联网、5G、大数据等数字化技术构建的设施种植服务平台与机械融合应用场景少。

（五）社会化服务配套能力滞后明显

设施种植产业链还不完善，产前、产中和产后的社会化服务体系很不健全。现有的社会化服务多集中在育苗、分选、冷藏方面且供应不足，在其他环节基本上没有。绝大多数设施种植规模较小，没有形成连片、协同生产，社会化组织服务意愿不强。设施种植标准、信息、服务与市场等配套体系不健全，管理人员和专业技术人员缺乏。设施农业保险与金融服务力度不足，抵御应对各类风险的能力有待提升。

六、设施种植产业机械化发展路径

（一）总体思路

按照《浙江省实施科技强农机械强农行动大力提升农业生产效率行动计划（2021—2025年）》和《先进适用农机具研制推广行动计划》有关部署，围绕设施蔬菜、水果、食用菌等重点产业，以提高种植、采运和环境调控环节机械化为抓手，推动形成基地规模化、设施标准化、生产机械化、服务社会化的设施种植产业体系，实现设施种植机械化高质量发展，为促进乡村振兴战略实施和农业农村现代化提供有力支撑。

（二）总体目标

到2025年，设施种植机械化水平取得显著进展，在有一定基础的设施种植优势区域，实现“一年大突破、三年大跨越、五年创一流”目标。设施大棚面积稳定在180万亩以上，其中标准棚总面积占比达55%以上，设施种植机械化水平总体达到50%以上。至2035年，全省设施种植形成“基地规模化、设施标准化、生产机械化、服务社会化”产业体系，设施布局合理，结构优化，设施大棚面积达到200万亩以上，标准棚总面积占比60%以上，设施种植机械化水平总体达到70%以上。

（三）主要措施

1. 优化设施布局规划

加强规划引导，制定浙江省设施种植发展规划，明确设施种植产业发展主要目标、主攻方向、发展重点，引导生产要素集聚，加快产业转型升级。构建以“政府引导，企业主导、农民受益”的现代农业产业园为主要抓手，围绕设施蔬菜、水果、食用菌等生产核心区，选择优势明显、有发展潜力的主导品种，统一规划，连片建设，推动设施种植规模化。加强非耕地现代设施种植产能建设，围绕统筹强化粮食与“菜篮子”产品稳定供给，进一步优化设施农业区域布局，探索利用可开发的空闲地、废弃地发展设施种植，引导新增设施种植产能由粮食主产区向非耕地区域转移优化。

2. 推进设施建设宜机化和标准化

在设施种植传统优势区，以规模经营、提档升级为方向，重点针对占全省75%以上的单体大棚开展宜机化提升改造，包含提升环境调控机械化水平，改造大棚出入口、肩高和室内通道等，推进设施结构和环境调控向大型化、宜机化和智能化升级。制修订适宜不同地区及不同产业需求的标准棚、专用棚结构标准，在台州、嘉兴、宁波等平原地区以抗风、抗压的单体大棚（跨度8米以上、尽量增加棚长）和连栋大棚为主，适度发展遮阳棚、防雨棚等；在丽水、衢州等丘陵山区重点发展山地大棚，标准棚总面积占比达到60%以上；根据设施水果、育秧等设施空间结构、材料透光率、光照、温度和CO_2浓度等需求的不同，制修订专用棚标准；支持设施蔬菜重点县创建省级设施蔬菜标准化示范园；同时培育浙江省设施大棚生产优势企业，加强设施大棚设计、安装和施工过程中的监管。

3. 加大设施种植机械化技术推广力度

聚焦设施种植业精量播种、育苗嫁接、移栽和收获等环节技术装备短板，以数字农业工厂、高水平农艺农机融合示范基地、农机创新研究试验基地等建设为载体，鼓励地方出台政策，研发、引进试用先进农机装备，如小型电动农机、移栽机械、收获机械、农业机器人等，积极推广环境自动调控、水肥一体化智能控制和作物生长信息监测等技术。加快产学研推用深度融合，在设施种植优势区建设高标准示范基地。在台州、嘉兴等有条件的地区率先实现叶菜类、结球类蔬菜设施种植全程机械化。

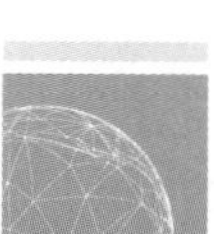

4. 强化融合发展

加快推动品种、栽培、装备集成配套，选育推广宜机化设施专用品种，示范推广宜机化种植技术模式，加强农机农艺技术合作，统筹设施农业种植技术和农机化技术一体化引进、试验和示范推广，对主打品种制定合理的农机农艺融合栽培技术、作业规范和生产标准。加快信息化和机械化融合。推广环境自动调控、水肥一体化智能控制和作物生长信息监测等技术，提升设施种植机械生产效率，降低生产成本。

5. 推进生产服务社会化

依托设施种植重点和特色地区合理布局与规划设施种植公共性、生产性和多元化的社会化服务组织，开展大棚建造、维护保养、机具租赁、种苗供应、作业托管和加工销售等社会化服务，加强对服务组织规范化建设的指导，引导服务组织完善管理制度，健全运行机制，拓展服务范围，提高服务标准。引导、培育设施大棚种植户或引入社会资金组建设施种植机械服务组织，探索建立“农户＋合作社＋龙头企业”的生产方式，开展种苗供应、作业服务和产后加工等社会化服务，探索建立纵贯生产、加工、物流、销售的服务体系，以社会化服务推动设施种植延链强链。

6. 加强政策支持和资金投入

对标准棚的提升改造给予补贴，促进设施种植机械化基础建设的完善。创新金融服务和保险政策，针对大棚种植融资难问题，推动金融机构对权属清晰的设施大棚装备开展抵押贷款；政府出资支持设施种植补贴或完善种植生产政策性保险，建立防灾害防风险的基金，减少农民在生产中的后顾之忧，建立风险补偿机制。

附件：

附件 1　浙江省设施种植机械化问题清单

附件 2　浙江省设施种植农机装备推广清单

附件 3　浙江省设施种植农机装备研发清单

附件 1

浙江省设施种植机械化问题清单

序号	问题领域	问题表现
1	设施布局	缺少科学的规划布局，全省设施种植仍然以个体农户分散经营为主，建设分散，户均承包面积小于 10 亩，未集中连片，形成规模 设施种植品种多，部分园区种植达 10 余种作物，专业化程度低
2	设施大棚建设水平	基础设施建设水平低。普通大棚和季节性大棚等非标准棚种植面积占比 51%，标准棚中单体大棚面积占比高达 75%，单体大棚简陋、宜机化能力差，存在空间小、棚门小、道路窄且不连通等问题，限制了农业机械的应用，部分大棚没有通电，制约了机械化发展
		环境调控方面，多数设施大棚靠手动控制卷膜通风，室外遮阳自动化程度低
		缺乏有效的建设标准，建设中存在使用镀锌管类型不一、拱杆壁厚有误差、卡槽卡簧质量较差等问题，建设过程中缺少监管，导致建设中钢材结构强度不够、棚体结构不坚固等现象，影响了设施抵御自然灾害的能力
		针对山地、育（苗）秧、蔬果等专用棚建设标准尚属空白
3	机械化水平（农机装备供给）	全省设施种植机械化水平低于全国平均水平，总体上还处于初级阶段，机械化水平年增长率低，增长环节主要是耕整地和灌溉施肥环节，种植、采运和环境调控等环节机械化水平增长慢
		耕整地环节，虽机械化水平达到 90.04%，但现有耕地机械耕深和基肥的混合不好，耕后团粒结构达不到最适合作物生长的理化性，整地机械存在整地不平、垄高不够、表面土整得不够碎等问题，影响后续种、管、收作业
		种植环节，适用于黏质土壤的国产精量播种、育苗嫁接、移栽收获等机具开发滞后，进口机械购置和使用成本高，农户购置能力不足。种植机械化水平仅 8.93%
		采运环节以运输装备为主，除叶菜类外，多数设施种植品种收获处于无机可用状态，机械化水平仅 7.49%
		灌溉施肥环节机械化水平达到 69.52%，但主体购置的水肥一体设备多数以简配为主，自动配肥、施肥设备推广较慢。国产微喷带未能实现国产替代，喷灌均匀度和产品质量远不如进口。喷滴灌质量差别大，高精度喷滴灌设备仍然依靠进口
		环境调控环节在 5 个环节中权重最大，然而由于全省单体大棚面积占比大，环境调控以手动控制为主，机械化水平仅 11.2%
		智能化农机装备应用水平低。除部分主体应用智能化环境调控和水肥一体化设备外，设施种植其他环节智能化装备少有应用
4	农艺农机、机械化与信息化融合	农艺标准未统一，影响机械化应用。设施种植种类多、适宜机械化的品种少，种植垄宽、行数没有充分考虑机械作业要求，缺乏适合不同地区、作物、设施类型和栽培模式的设施种植栽培量化技术标准和规范
		设施种植运用物联网、5G、大数据等数字化技术构建的设施种植服务平台与机械融合应用场景较少

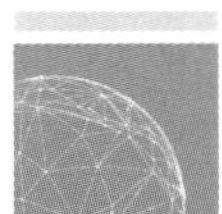

（续）

序号	问题领域	问题表现
5	社会化服务等配套能力	设施种植产业链还不完善，产前、产中和产后的社会化服务体系很不健全，现有的社会化服务多集中在育苗（秧）、分选、冷藏方面，且供应不足，在其他环节基本上没有。绝大多数设施种植规模较小，没有形成连片协同生产，社会化组织服务意愿不强
		设施种植育苗中心、产后贮藏加工服务中心布局建设滞后，滞后于产业发展需要。机械化应用较少，仍以人工为主
		设施种植标准、信息、服务与市场等配套体系不健全，管理人员和专业技术人员缺乏。设施种植补贴成套装备种类有待拓展，设施农业保险与金融服务力度不足，抵御应对各类风险的能力有待提升

附件 2

浙江省设施种植农机装备推广清单

序号	生产环节	需推广机械	需求程度
1	耕整	多功能田园管理机	非常急需
2		深松机	急需推广
3		开沟精整机	非常急需推广
4		灭茬旋耕机	急需推广
5		精整起垄机	非常急需推广
6		旋耕埋石起垄整平机	非常急需推广
7		捡石机	急需推广
8	种植	气吸式精量播种流水线	非常急需推广
9		电动播种机	急需推广
10		蔬菜密植移栽机	非常急需推广
11		乘坐式蔬菜半自动移栽机	急需推广
12		蔬菜穴盘苗全自动移栽机	非常急需推广
13	施肥（含浇水）	自走式有机肥撒肥机（厩肥）、颗粒肥撒布机	急需推广
14		自走式撒（铲）肥机	急需推广
15		智能水肥一体化设备	非常急需推广
16		微喷灌设施	非常急需推广
17		微喷带	急需推广

（续）

序号	生产环节	需推广机械	需求程度
18	田间管理	中耕除草机	急需推广
19		土壤消毒机	急需推广
20		火焰消毒机	急需推广
21		动喷机	急需推广
22		轨道式喷雾机	非常急需推广
23		管道臭氧喷雾机	急需推广
24	收获	叶菜收割机	非常急需推广
		辅助收获平台	急需推广
25	农用搬运	轨道运输机	非常急需推广
26	大棚及配套设施	湿帘降温设备	急需推广
27		顶部全开型大棚	非常急需推广
28		宜机化标准大棚	非常急需推广
29		农业物联网	急需推广

附件3

浙江省设施种植农机装备研发清单

序号	生产环节	需研发设施机械装置	需求程度
1	设施栽培	专用设施大棚	急需研发
2		标准化育（苗）秧成套设备	非常急需研发
3		温室热泵恒温装置	非常急需研发
4		温室屋顶清洗机器人	急需研发
5		土壤多养分测试分析仪	非常急需研发
6		设施种植土壤消毒设备	非常急需研发
7	耕整地	旋耕埋石起垄整平机	急需研发
8		地膜自动铺设与回收一体化装备	急需研发
9	种植	育苗补苗机	非常急需研发
10		全自动蔬菜移栽机	非常急需研发
11		蔬菜嫁接机	急需研发
12		蔬菜垂直栽培系统与装备	非常急需研发
13		立体育秧系统与装备	非常急需研发

（续）

序号	生产环节	需研发设施机械装置	需求程度
14	田间管理	穴盘根际高效控温设备	非常急需研发
15		设施轨道作业平台	非常急需研发
16		智能精准水肥一体化系统	急需研发
17		电动疏花疏果剪刀	急需研发
18		设施温室环境及作物生长巡检机器人	非常急需研发
19	采运	蔬菜采收机	急需研发
20		蔬果采摘机器人	急需研发
21		连栋温室转场机器人	非常急需研发
22	数字化作业平台	设施种植控制系统及平台装备	急需研发
23		作物病虫害智能预警系统	非常急需研发
24		农业设施物联网智能管控装备	急需研发

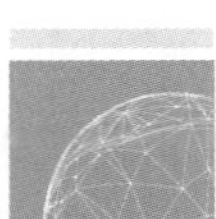

专题十一　浙江省农产品贮藏加工机械化发展目标研究报告

一、农产品贮藏加工基本情况

农产品贮藏加工，通过对农产品收获之后进行处理、加工、冷藏保鲜等不涉及改变其内在成分（物理性状）的机械化处理，保持或提升产品质量，或增加产品品种或延长销售时间，达到减少损失、提高农产品的利用价值，增加农民收入的目的。

（一）农产品加工业规模稳步发展，产业集聚初步形成

经过多年努力，浙江省农产品加工业稳步发展，截至 2020 年底，浙江省共有农业产业化龙头企业 5 784 家，其中规模以上农副产品加工企业 683 家，产值 881.2 亿元，约占农产品加工业总产值的 9%。

规模以上农产品加工业总产值超 9 000 亿元。农产品加工业与农业产值之比为 2.8：1，

高于全国平均水平（2.3：1），接近中等发达国家水平。

从加工业规模和产业集聚情况看，舟山、嘉兴、杭州、宁波等地市规模以上农副产品加工业产值均在百亿元以上（图1），已形成台州的果品，宁波的柑橘出口罐头，金华衢州一带的畜牧产品、柑橘，慈溪的蔬菜，余姚、萧山、桐乡的腌制蔬菜，台州和舟山的水产品，临安的水煮笋等一批产业集群。全省拥有农产品地理标志保护产品154个，培育了"丽水山耕""三衢味""慈溪杨梅""常山胡柚""江山猕猴桃""云和雪梨""奉化水蜜桃"等一批特色鲜明的区域公用品牌21个（表1）。

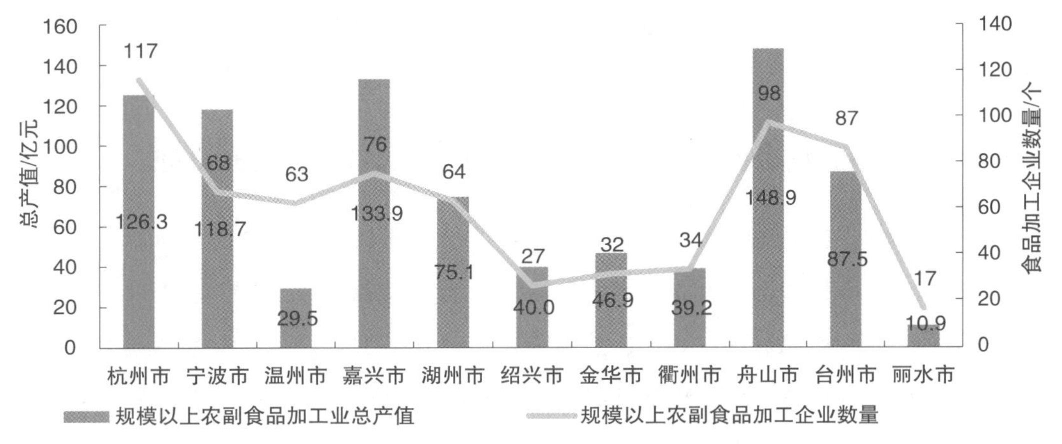

图1 浙江省市域农副食品加工业情况

表1 浙江省农产品区域公用品牌情况

产业	区域公用品牌
蔬菜	文成高山蔬菜、里叶白莲、处州白莲、余姚榨菜
水果	建德草莓、云和雪梨、奉化水蜜桃、象山红柑橘、慈溪杨梅、常山胡柚、江山猕猴桃、仙居杨梅
茶叶	西湖龙井、安吉白茶、武阳春雨、大佛龙井、景宁惠明茶、平阳黄汤、建德苞茶
食用菌	庆元香菇
中药材	雁荡山铁皮石斛

（二）冷鲜贮藏能力不断加强，产业发展逐步提速

近年来，浙江省冷鲜贮藏能力不断加强，2020年，产地冷藏保鲜设施容量达到277.4万米^3，较2014年增长了10.8%（图2）。现已布局冷链物流基地，建成省级冷链物流骨干基地、物流园区16个，生鲜贮藏保鲜链日趋完善。以县（市、区）为布局重点的农产品加工示范基地初步形成，产业发展逐步提速。

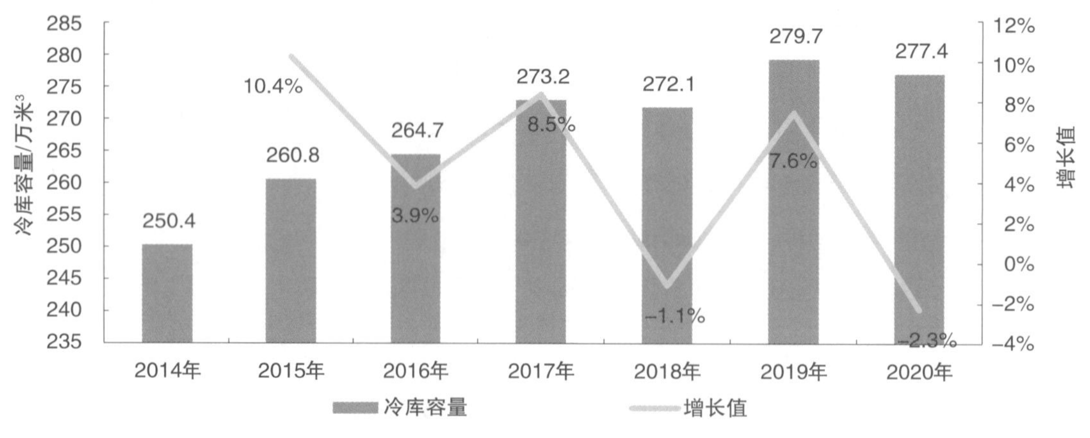

图 2 浙江省冷库容量情况

（三）产业种类不断丰富，促进农民增收作用日渐凸显

随着农产品加工机械保有量的增长，各类农产品机械化作业量稳步增加，逐步形成了以预冷、保鲜、冷冻、清洗、分级、包装等技术为支撑的果蔬、畜禽、水产品等鲜活农产品的保鲜保质，以脱壳、清选、烘干、贮藏等为技术支撑的耐贮藏农产品脱壳存放，以粉末粉碎、切分干制、理条成型、精选分级为技术支撑的杂粮、茶叶、中药材等特色农产品初制开发等一系列的农产品加工产业链条。西兰花茎秆再利用、预制菜等新兴加工产业、龙头企业的兴起，为农业增收、农民致富注入了崭新动能（图 3）。

二、农产品贮藏加工机械化发展现状

（一）总体概况

当前浙江省农产品加工机械化率为 42.65%，较前一年增长 3.85%，位居全国第 14 位，略高于全国平均水平（41.64%）。从加工环节来看，如图 4 所示，机械脱出处理、机械清选处理、机械保质处理机械化率分别为 44.1%、42.5%和 41.1%，分别较前一年增长 0.3%、9.5%和 1.4%。从各地市农产品加工机械化率来看，如图 5 所示，湖州、金华、宁波、台州、杭州农产品加工机械化率均在全省平均水平以上，湖州、金华、宁波处于全省领先水平，湖州、金华均达到了 66%以上；从涨幅情况来看，相较于上一年，丽水、绍兴涨幅较高，分别达到了 13.2%和 9.6%。

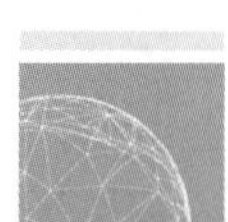

主要农产品初加工产业链
促进农民增收
1 粮油
成品粮
大米
食用玉米片
食用豆类
油料初级原料产品
杂粮初制品
2 茶叶
加工形式
大宗茶
名优茶
功夫红茶
抹茶
加工环节
摊放
杀青
揉捻
发酵
烘干
色选
浙江省绿茶出口量占全国总出口量的47.8%
3 蔬菜
产后处理初加工种类
产后冷鲜贮藏（可以延长销售季节、减少农民损失）
预制菜（如明康汇、叮咚买菜等经营主体建起大型加工、冷鲜贮藏中心，为预制菜产业发展提供了“核心”技术）
初制产品（如萧山萝卜干、酱黄瓜等腌制品）
蔬菜干制品加工（台州临海的西兰花加工储藏中心）
4 水果
产后初加工种类
鲜果商品化处理
提升果品价值链（如浦江葡萄智慧物流中心）
果干制品初级加工制品
延长果品价值链
5 中药材
浙江省中药材种类主要有：
根茎类
花类
果实种子类
菌藻类
植物全草类
中药材产后初加工形式主要是商品化处理形成根茎类、果实种子类、花类等各种中药材原料初制品
“浙八味”产值约为15年前的6.5倍

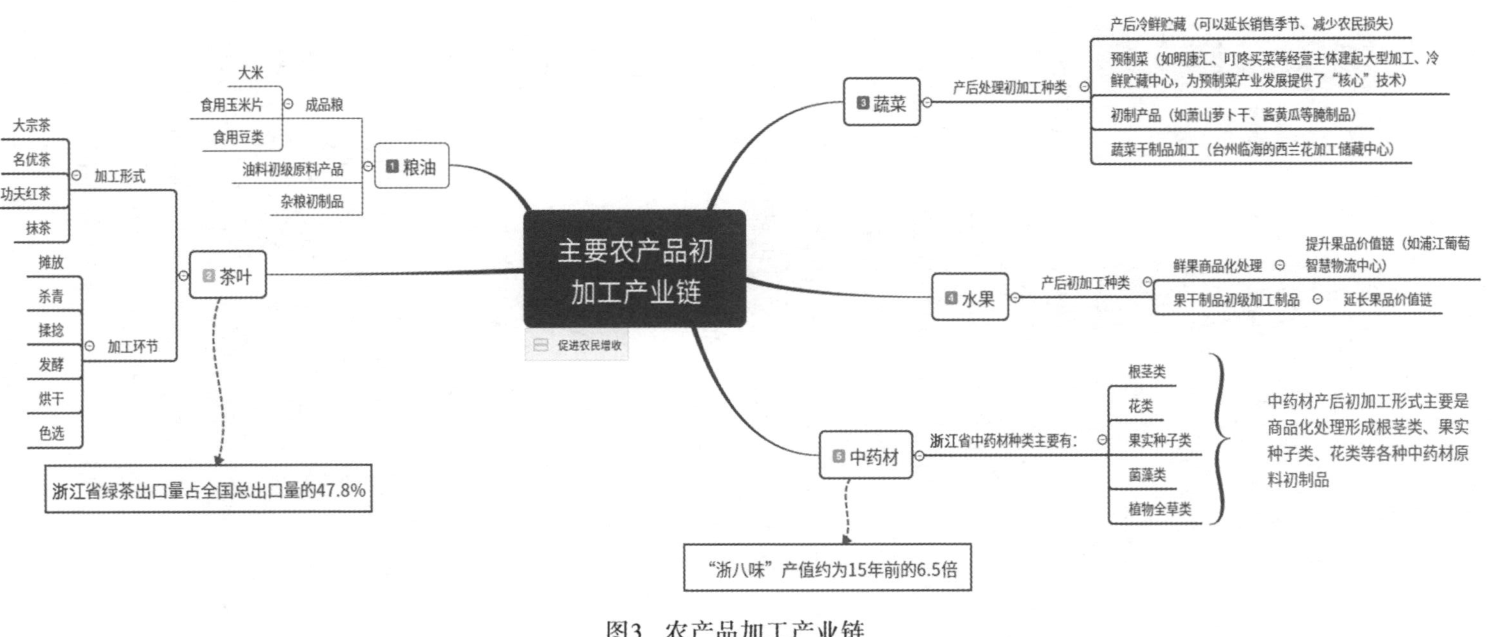

图3　农产品加工产业链

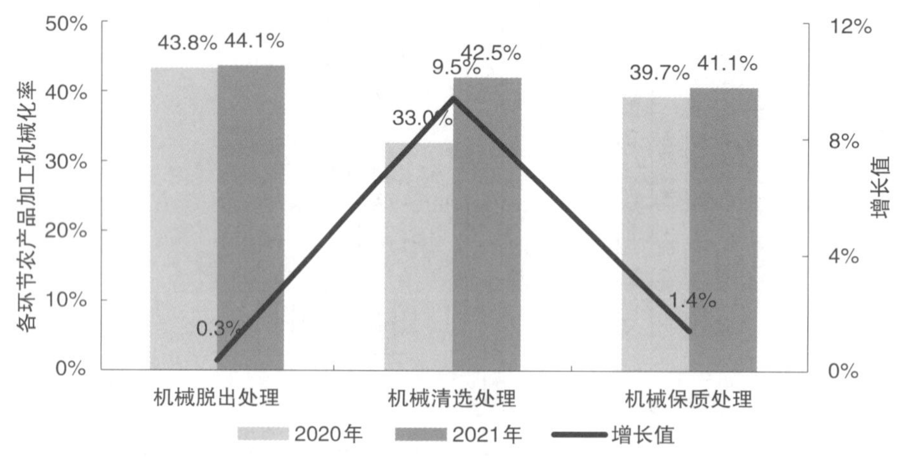

图 4　各环节农产品加工机械率情况

从农产品加工机械保有量来看，10 年来总体数量稳步增长，2020 年全省各类农产品加工机械装备总量为 58.8 万台（套），分别较 2010 年和 2015 年增加 54.72%和 20.33%。加工机械种类也由过去大宗粮油作物脱粒、清选机械向茶叶、果蔬等经济作物加工、分级、包装、冷藏保鲜，以及粮食烘干等多样化加工机械发展；果蔬冷藏保鲜设备近年来得到了迅速增长，2020 年冷藏保鲜设备为 6 467 套，分别较 2010 年和 2015 年增长 180%和 110%。

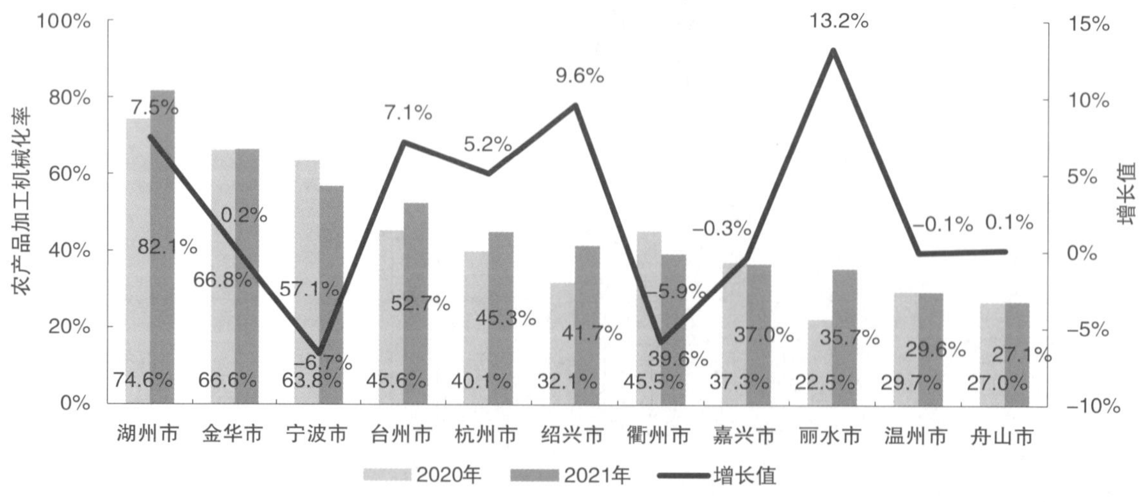

图 5　浙江省市域农产品加工机械化率情况

（二）各产业农产品贮藏加工机械化发展情况

1. 粮油

粮油作为战略保供产业，加工技术及装备发展迅速，尤其是粮食烘干及贮藏设备得到了快速增长，在粮食防灾保供方面起到了重要作用。截至 2020 年底，浙江省粮食烘干机械化率为 63.7%，全省烘干中心 1 998 家，批次烘干能力达到了 13.77 万吨，相较于 2015 年增长了 163%。以稻米为例，产后加工环节主要包括清理、脱壳、碾米、烘干、贮藏、去杂、包装等，多采用烘干贮藏加工成套设备、稻米加工成套设备。烘干贮藏加工成套设备以循环式谷物烘干机为中心，同时可选择配备去杂、清选、脱粒等设备，贮藏方面近几年采用金属粮仓、低温保鲜库，烘干、贮藏、加工及运送采用智能化控制，无须人工搬运，作业效率高，空间设置科学。油料初级原料产品烘干目前大多采用谷物烘干机，同时辅助配备脱壳、去皮分离等设备，缺乏专用设备的开发。加工大部分以中小型生产线为主，配备滚筒式炒锅、榨油机、过滤机等，但目前应用较少，仍以人工作坊作业为主，加工效率较低、损失率较高。

2. 茶叶

茶叶加工是浙江省的优势产业。茶叶加工机械拥有量基本保持稳定，2020 年茶叶加工机械共计 354 412 台，茶叶机械加工量为 32.15 万吨，机械化率约在 95% 以上。浙江省茶叶加工技术及装备发展较早，规模以上茶机企业销售额占全国 70% 以上，在全国农机装备领域也占有重要的地位，主导制定了 10 余项茶叶机械行业标准，传统加工机械装备以杀青机、揉捻机、色选机等单机设备分环节单独作业为主，近几年加工连续化生产线成套设备进入应用，实现了大宗茶连续化生产加工。茶叶加工环节主要包括摊放、杀青、揉捻、发酵、烘干、色选等。

3. 蔬菜

浙江省蔬菜产后处理加工种类丰富，产后冷鲜贮藏近几年发展迅速，2020 年冷藏保鲜量较 2010 年和 2015 年分别增加了 73.3% 和 37.3%。冷库是各类蔬菜加工的基础功能设备，以当前越来越受到关注的预制菜为例，其种类包括叶菜类、水生蔬菜，以及香菇、秀珍菇、杏鲍菇等食用菌类，其产后处理加工除了分级、清洗、切分、贮藏、包装等环节，实现最终销售，冷链也是其重要一环。蔬菜加工初制品方面，萝卜、榨菜、黄瓜等腌制菜加工环节包括清洗、切割、包装、冷藏、脱水、包装、灭菌等环节；以速食面蔬菜配料或脱水干制品直接食用为目的的蔬菜干制品加工，其产后处理加工包括清洗、烘干、脱水、冷藏、包装等环节。

4. 水果

浙江省水果品种种类较多，近几年水果冷藏保鲜、分级技术及装备发展迅速。截至2020年底，水果分级机械化率为21.1%，水果冷藏保鲜装备设施达到了277.42万米^3，较2011年增长了144%。鲜果商品化处理方面，产后处理包括整理与挑选、预冷、分级、清洗、涂蜡、包装、冷鲜物流等环节。产后商品化处理后进入鲜果冷链物流环节，全过程采用真空预冷、双层塑料膜包装、冷库仓储、冷藏运输车辆物流转运，并对各个环节进行机械化低温自动控制。如浦江葡萄智慧物流中心，与邮政绑定运输，在接收到订单后，采用全自动流水线作业按地域分发水果到指定线路车辆。果干制品加工，干制品加工环节包括预处理、真空冷冻干燥、包装等。此外，水果分级装备越来越受到关注，分级装备的应用，对提升附加值、果品品质起到了关键性作用。

5. 中药材

2020年，中药材清洗烘干机械化率达到了67.58%，流水化作业，自动化程度较高。中药材品种较多，根茎类、果实种子类商品化处理主要包括清洗、烘干、粉碎、切分干制、贮藏包装等环节，多采用脱皮、清洗、切片、烘干流水作业，机械化水平较高。杭白菊、贡菊等花类商品化处理包括杀青、清洗、干燥、贮藏包装等环节。

三、国内外农产品贮藏加工机械化发展及主要经验做法

（一）国外发展现状与主要做法

1. 发展现状

国外农业大国主要有美国、法国、澳大利亚、德国、日本、以色列等。其中，美国的农产品加工机械化程度最高，美国的农产品加工业产值是农业产值的3.7倍。此外，农产品加工业占制造业比重较大，如荷兰13%，美国9%。发达国家农产品的产后加工比例平均已达到70%以上，欧美、日本等国家果蔬商品进入流通环节前的加工处理比例则达到了90%以上。

2. 主要经验做法

（1）美国。一是资金支持。美国用于采收前田间生产的资金仅占农业总投入的30%，而其余70%的资金都用在采收后的环节。二是农产品加工设施先进，机械化、自动化水平高。三是社会化服务发达。销售合作社、农产品信贷公司、农商联合体、市场批发商等各类团体分别承担着专业化服务的功能，为美国农产品加工的高效组织提供了便利。四是完善科研立项机制，提高服务产业的能力。美国的农产品加工科研紧紧结合产业需求，形成了完善的科研立项机制。科研项目的立项一般由科学家、企业、公共机构共同提出要求，每5年组织1次研讨会，规划确定重点研究项目，充分体现产业需求。

（2）日本。一是政策扶持。日本政府对农产品加工企业有许多扶持政策，其中一种方式是依托日本农业协同工会，由政府投资在一定区域内建一个统一的加工中心，为当地农协会员生产的农产品提供产后加工和贮藏服务，农协和政府会根据市场情况给予相应的经营补贴。二是具有完善的冷链系统。日本大米以品质优闻名世界，其中重要的因素是收获后能够在48小时内送到加工中心砻谷脱壳，形成糙米后即进入具有温控设施的专用库贮藏（贮藏温度在15℃以下），然后根据市场需要进行加工。蔬果采收整理后采用真空预冷技术处理，然后进入保鲜库贮藏，保证了蔬果品质。三是政府提供营销服务。在日本各地，特别是东京等大城市，经常能看到地方政府举办的农产品推介会，为农户提供产后的营销服务。四是配备产地农产品集资中心。日本产地市场体系中，农产品集资中心是农产品产地加工的重要场所，一般由基层农协组建，负责本农协成员产品的预冷、分选分级、包装等处理。

（3）韩国。一是专业协会带动作用。韩国农业协会在农产品加工和贮藏中发挥着重要作用。韩国农业协同工会的销售网遍布全国各地，在农产品的生产地区，韩国农业协会管理着1 800家收购点、水果分类点、低温贮藏室、大米加工中心及遍布全国的300多家销售点。此外，韩国农业协会还以低廉的价格为农民提供肥料和农药，鼓励农民使用机械化播种、收获、贮藏及包装，并设立了农业机械维修服务中心。二是农产品产地加工设施齐全。韩国还有一类农产品加工设施，即稻谷加工中心（RPC），主要以批量生产模式进行稻米的加工和销售，包括预处理车间、烘干车间、钢板仓等碾磨车间，加工过程有烘干、贮藏、精米加工、稻壳油和米糠处理等，通过机械化和自动控制，可使稻谷损失率降至1%，同时保证加工质量。

（二）国内发展现状与主要做法

1. 发展现状

我国农产品加工业一直保持着稳步提升的态势，“十三五”期间农产品加工机械化水平年均增长近 2 个百分点，至 2020 年底达到 39.2%。

2. 主要经验做法

（1）山东省。山东省是农业大省，农产品加工大省，农产品加工业产值居于全国首位。主要举措：一是突出政策导向。重视农产品加工机械化和机械装备，突出新型、智能、绿色、环保型农产品加工设备，加大补贴力度。二是突出需求导向。围绕突破短板瓶颈，抓好需求摸底制定装备短板需求目录，为生产企业和科研单位研发生产提供方向。三是突出目标导向。山东省制定了“两全两高”农机化示范县评价指标体系和评分办法，把农产品加工综合机械化率作为重要指标进行考核。

（2）山西省。山西省从事农产品加工的企业、合作组织、农户超过 1 万个。主要举措：一是成立专门机构。2006 年，专门成立山西省农产品加工装备技术管理站，承担全省农产品加工技术和设备推广工作，各市、县也分别成立专门机构，形成一个自上而下的农产品加工管理推广网络。二是科学布局建设。制定建设方案，确定建设规模，科学、合理地配置加工设备。三是加强示范引领。采用项目形式重点扶持便民式、规模化的农产品加工点，共扶持建设农产品产后处理及加工装备技术示范点 760 个。四是强化技术创新。把技术引进、装备开发作为工作重点。注重成果积累转化，通过签订试验协议，采集相关数据，转化成应用成果，有效提升全省农产品加工装备水平、关键环节机械化技术水平与基层加工户的应用技术能力。五是开展技能培训。每年针对系统内专业技术人员和加工点操作骨干组织技能培训，并组织专业技术人员外出考察学习，为引进先进、适用、高效、节能的农产品加工技术与装备奠定了坚实基础。

（3）福建省。到 2020 年底，全省规模以上农产品加工企业总数达 4 627 家，农产品加工作业机械达 61.56 万台（套），实现主营业务收入 13 437 亿元，“十三五”期间农产品加工机械化率年均增长 8.4%，农产品加工转化率由 67% 提升至 72%，其中茶叶加工机械化率达 100%，水果加工基本实现全程机械化，位居全国前列。主要举措：一是落实补贴政策。按照“补贴机具全覆盖”的思路，针对部分农产品加工机械无法鉴定而不能列入补贴的问题，通过实行补贴产品资质条件市场化改革，采信第三方检验结果发放鉴定证书，简化了前置条件，解决了补贴的问题。二是开展示范推广。新建特色农业产业机械化示范推广基地 136 个，形成了果蔬、茶叶、食用菌、畜禽产品等加工产业集群。三是实施项目推进。针对鲜食农产品分级、清选、贮藏等薄弱环节，坚持省市县三级齐抓共管，加强分类指导，建立“时间表”，梳理“路线图”，扎实推进农产品产地加工项目建设和改造。

四、农产品贮藏加工机械化存在问题

（一）加工装备结构不平衡

一是区域间加工装备结构不平衡。浙江省农产品加工机械化存在明显的区域差距，湖州加工机械化率高达 82.09%，而温州、舟山加工机械化率不足 30%。2021 年，浙江省冷藏保鲜设备有 6 660 套。其中，杭州有 1 071 套，占比 16%；而温州、舟山分别拥有 293 套和 51 套，占比分别为 4%和 0.8%。

二是产业间加工装备结构不平衡。浙江省农产品加工机械装备的种类主要局限于粮食、油料、茶叶等大宗农产品方面，而果蔬、特色水果、中药材等特色经济作物农产品加工装备数量少；各市谷物烘干机，以及粮食、棉花、油料等加工设备均配备较全，而果蔬加工机械的配备相对较为薄弱。

三是环节间加工装备结构不平衡。近几年，浙江省的粮食烘干、加工设备得到了快速发展，但贮藏及烘干贮藏加工一体化的成套设备发展缓慢；浙江省茶叶加工机械化程度较高，但加工机械装备以单机设备为主，连续化加工生产线应用仍然偏少，且加工设备智能化、数字化程度不高；浙江省的冷藏保鲜装备不断增加，贮藏保鲜能力得到明显提升，但预冷环节仍然比较薄弱；浙江省果蔬加工无损检测环节所需的高端设备主要依赖进口等。

（二）加工基础设施不完善

冷链基础设施建设处于初级阶段。虽然这两年浙江省冷链物流产业发展整体呈加速态势，但冷链物流设施配置不足、规模偏小，远落后于美国、日本、荷兰等发达国家水平；冷链基础设施投资布局相对集中在城市，农村前端预冷和港站枢纽冷链设施资源不足、冷藏保鲜设施少、冷链运输车难以直达田间地头；田间预冷设施设备往往需要水电路气房和信息化设施配套，但是农村相关设施设备建设仍然滞后于产业的发展需要。

（三）标准化建设滞后

缺少加工标准体系。农产品加工标准化是产品质量的保证，是产业化生产的需要，是进入国际市场的通行证。除了茶叶加工标准建设较完善外，其他产业不论是技术操作规程还是产品质量标准方面，都存在大量空白。特别是产品包装、贮藏运输及污染物限量与检验等方面的标准欠缺，严重制约了农产品的产地、质量等级标识制度发展，不利于优质优价及产品质量的提高。

（四）规模化程度低

长期以来，发展农产品加工业受到农业生产方式、经营体制等多种因素的制约，加上生产分散、规模不足，以及设备回报周期长、综合利用率低、经济效益比较低，导致农产品加工吸引社会资本投入困难，影响农产品加工点经营，制约农产品加工规模化发展。

五、农产品贮藏加工机械化发展目标

到 2025 年，大宗粮油、大宗畜禽产品、水产品加工机械化生产服务体系基本建立，主要果蔬产品加工机械化水平大幅度提升，特色农产品加工薄弱环节“无机可用、无好机用”的问题实现突破，农产品加工综合机械化率达到 50%以上。其中，大宗粮食、油料加工机械化率达到 60%以上，果蔬加工机械化率达到 40%以上，畜禽产品、水产品加工机械化率达到 50%以上。到 2035 年，农产品加工综合机械化率总体达到 70%以上，农产品产地加工各产业各环节机械化基本实现，服务能力能够满足生产需求，技术装备体系配套完善，信息化、智能化技术广泛应用，全面进入高质量发展阶段（图 6）。

六、农产品贮藏加工机械化工作举措

依托粮食生产功能区和现代农业园区及农业主导产业集聚区建设，以市场需求为导

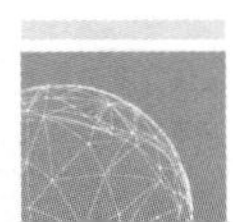

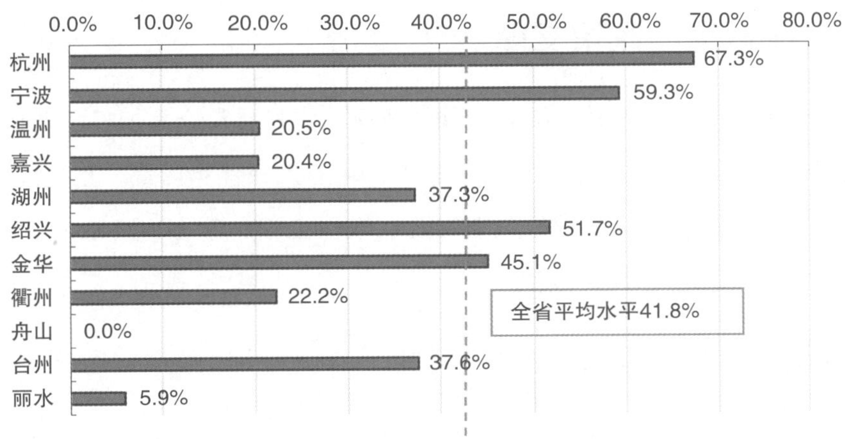

图 6　浙江省农产品加工机械化发展目标

向，以农产品提质增效为核心，加快适应浙江省优势农产品资源加工设施装备的试验示范和推广应用，逐步实现农产品加工由传统工艺向采用高新技术转变，大力培育农产品加工机械化服务新型经营主体，为浙江省进一步提升农业竞争力、扩大农民就业、增加农民收入提供设施装备与技术的支撑保障。

（一）合理布局加工基地与产业支撑

立足不同区域、不同发展阶段产业急需，找准发展重点，精准发力，务求实效。推进农产品加工向产地下沉，在粮食生产功能区、特色农产品优势区和水产品主产区，根据需求布局建设农产品加工。在区位优势明显、产业基础好的乡镇所在地建设农产品加工产业园和综合服务中心，改变加工在城市、原料在乡村的状况，构建加工在乡镇、基地在村、增收在户的格局。

（二）加大装备研发力度，补齐加工机械装备短板

依托浙江省科研院所、高校、企业针对性联合研发，攻关农产品贮藏及加工产业卡脖子技术难题；探索发展“互联网 + 加工机械化”，推动在加工各环节重点装备上应用实时信息采集和智能管控系统，鼓励加工企业进行物联化、智能化设施与装备升级改造；完善行业技术标准体系，强化行业发展动态跟踪和数据采集分析，引导各方面力量有序有效开展产品研发创新。

（三）加强政府与政策支撑

拓展财政资金和社会资本投入渠道，引导经营主体开展农产品加工场地标准化建设；依托各类园区、省级休闲乡村、特色农业强镇、特色农产品优势区等，布局建设一批农机服务中心，借助“两进两回”等乡村创业平台，吸引创业创新型人才进入农产品加工产业，优化农村农产品加工业外部环境。

（四）构建新型经营体系

增强龙头企业的带动力。通过“公司＋集体经济＋合作社＋农户”“公司/企业＋基地＋农户”等模式，带动合作社及小农户用机械对农产品进行加工，为合作社和小农户提供技术、管理等方面的服务，可以更加有效地链接农户、基地和市场，进一步扩大农产品机械化加工范围；推动各类经营主体开展多种形式的融合发展，积极探索发展订单式作业、农产品加工生产托管、承包服务等服务模式，推动农产品加工专业服务队伍建设，提供脱出、烘干、清洗、分选、切割、干制、贮藏等环节的专业化作业服务，鼓励发展“全程机械化＋综合农事”服务新模式、新业态，加快推进农产品加工全环节、全产业延伸。

（五）与现代农业园区同步发展，构建良好产业体系

结合现代农业园区，建立优质专用原料生产基地，调整优化农业产业结构，支持农产品加工产业化发展，加快加工标准化建设，严格按照行业标准开展生产经营活动，深化产业融合发展，构建良好产业体系；依托优质加工产品，打响产品品牌，延伸市场销售环节，拓展产业链条，通过利益分享及普惠机制，带动小农户实现增收；依托农产品加工企业跨界发展，探索农业功能拓展型融合路径，强化一、二、三产业融合，培育新型业态。

附件：

附件1　浙江省农产品贮藏加工机械化问题清单

附件2　浙江省农产品贮藏加工农机装备推广清单

附件3　浙江省农产品贮藏加工农机装备研发清单

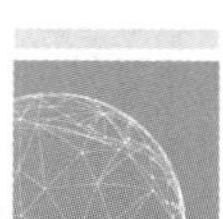

附件 1

浙江省农产品贮藏加工机械化问题清单

序号	问题领域	问题表现
1	基础设施建设制约问题	加工发展水平不平衡，经济、交通落后地区加工机械化发展意愿低，不同产业初级加工受制于装备与工艺技术水平
2		农产品生产、供应、产地加工、运输、销售一体化发展滞后于现代农业生产，有待于加大现代农业园区布局和冷链物流基地建设
3	作业环节机械装备供给问题	粮食：智能化烘干贮藏加工一体化加工中心建设滞后。金属粮仓等水稻专用贮藏机械不足，造成水稻久藏米质变差；高质量稻米加工成套设备投入不足，稻米品牌效益不高；未按照烘贮加一体化设计建设，土地利用率不高，中间环节转运需要人工
4		油料：油茶果缺少采果、烘干、脱壳机械应用，仍以人工作业为主
5		果蔬：产后分级、清洗、包装机械较少，仍以人工为主。无损检测设备缺乏，这对果蔬的分级以及提升农民收入有重要作用。产地贮藏保鲜设施未普及，收获后未能及时处理后入库，损耗往往较大，集中上市时又果（菜）贱伤农
6		茶叶：现在的采茶叶摊青设备易导致鲜叶积压，时常需人工翻拌，环境可控性不高；滚筒茶叶杀青机杀青过程中热能利用率低、能耗高，蒸汽杀青机技术国产化进程慢；根据不同茶叶原料采取不同揉捻工艺方面的自动化程度较低；烘干设备普遍存在能源消耗高、生产效率低、自动化程度不高等问题；生产线加工连续化、自动化程度低，连续化加工设备占比少，且数字化、智能化水平低
7		中药材：中药材的来源和用药部分多种多样，其复杂性严重制约了中药材实行全程机械化加工。目前机械化加工多集中在干燥设备上，但依然存在效率低、损耗高、药材质量不可控等问题，揉搓设备的自动化程度较低
8	规模化发展问题	特色产业领域社会化服务组织缺少，与小农户接轨的机械化作业服务能力不足，带动作用不明显
9		产业融合程度不足，产业集群优势与规模化生产基地布局及产业化进程还需要加大力度
10		加工基础设施建设还不完善，冷链物流、加工技术装备尚需加强
11		专业人才队伍建设机制还需完善，农创客、科技人才、专业化、品牌化经营理念尚待培育
12	其他问题	政策支持社会化服务的投入与保障不足，特别是在基础设施投入、先进农机装备引进和用地方面
13		加工机械种类较多，补贴尚不能完全覆盖，如茶叶连续化生产流水线，由于大多数需要根据场地定制，补贴标准难以衡量

附件 2

浙江省农产品贮藏加工农机装备推广清单

序号	产业	环节	需推广机械	需求程度
1	粮食	清理	粮食清选机	急需推广
2		脱壳	碾米机	急需推广
3		分离	谷糙分离机	急需推广
4		烘干	低温烘干机	急需推广
5		烘干贮藏加工	烘干贮藏加工成套设备	急需推广
6		加工	稻米加工成套设备	急需推广
7		贮（冷）藏保鲜	金属粮仓，低温保鲜库	非常急需推广
8	油料	脱壳	油料果（籽）脱（剥）壳机	急需推广
9		烘干	油菜籽、油茶果烘干机	急需推广
10		分级分选	油茶果分选机	急需推广
11		加工	油菜籽、油茶果加工成套设备	非常急需推广
12	果蔬	清洗	果蔬清洗机	非常急需推广
13		分级	果蔬分级机	非常急需推广
14		干燥	果蔬干燥机	急需推广
15	果蔬	去皮	果蔬去皮机	急需推广
16		冷藏保鲜	果蔬冷藏保鲜设备	急需推广
17		加工	果蔬加工成套设备	非常急需推广
18	茶叶	杀青	茶叶杀青机、茶叶理条机	急需推广
19		揉捻	茶叶揉捻机	急需推广
20		压扁成形	茶叶压扁机	急需推广
21		发酵	茶叶发酵机	急需推广
22		烘干	茶叶炒（烘）干机	急需推广
23		加工	茶叶加工成套设备	非常急需推广
24	中药材	清洗	中草药清洗机	急需推广
25		杀菌	中药材灭菌机	非常急需推广
26		分选	中药材分选机	非常急需推广
27		揉搓	中药材揉搓机	急需推广
28		切片	中药材切片机	急需推广
29		粉碎	中药材粉碎机	非常急需推广
30		烘干	中药材烘干机	急需推广

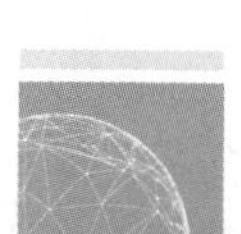

附件 3

浙江省农产品贮藏加工农机装备研发清单

序号	产业	环节	研发机械	需求程度
1	粮食	分离	稻谷杂质分离机	急需研发
2		分级脱壳	分级脱壳机	急需研发
3		贮藏	金属粮仓（保鲜仓）	非常急需研发
4		烘干	烘干贮藏加工一体化设备	非常急需研发
5	油料	烘干	油茶果烘干机	非常急需研发
6	果蔬	切块	花椰菜加工设备	急需研发
7		分级	果品智能分选装备	非常急需研发
8		烘干	空气源热泵果蔬烘干机、高效节能果蔬烘干机	急需研发
9		冷藏保鲜	冷链物流智能化设备	非常急需研发
10	茶叶	分级	鲜叶分级机	急需研发
11		杀青	茶叶滚筒杀青机	急需研发
12		烘干	自动连续型链板式茶叶烘干机	非常急需研发
13		分级	茶叶加工在线水分检测装置、名优茶加工中在制品实时信息在线快速无损检测装置	急需研发
14		加工	炒青型绿茶加工成套设备	非常急需研发
15	中药材	分离	提取分离装备	非常急需研发
16		切片	高精度智能化数控剁刀式切药机	急需研发
17		烘干	中小型中药材无硫烘干机	急需研发
18		揉搓	中药材搓揉机	非常急需研发

专题十二　浙江省农机服务组织基础设施建设研究报告

一、农机服务组织基本情况

随着浙江省规模化种植面积不断增加、各类新型主体不断涌现和服务模式不断创新，各类农机服务组织发展迅速，数量持续增加，有效促进了小农生产和现代农业的有机衔接。2020 年，全省共有农机服务组织 3 208 个，其中农机专业合作社 1 435 个，拥有农机原值 100 万元（含）以上的农机专业合作社 600 个，创建全国农机合作社示范社 16 个和省级示范社 302 个。农机户 57.07 万个、64.64 万人，其中农机作业服务专业户 10.7 万个、12.19 万人。乡村农机从业人员 66.96 万人。全年完成机耕、机播、机收、机电提灌、机械植保 5 项作业面积达 568 万亩，农机服务收入 82.24 亿元，其中农机作业服务收入 54.69 亿元。

（一）农机服务组织分布情况

全省不同区域服务组织建设情况很不均衡。2020 年，全省服务组织数量位列前 3 的分别是湖州、金华和宁波，数量分别是 625 个、445 个和 372 个，最少的是舟山市 14 个；农机服务组织中农机专业合作社数量位列前 3 的分别是宁波、绍兴和温州，数量分别是 349 个、205 个和 190 个，最少的是舟山市 10 个（图 1）。

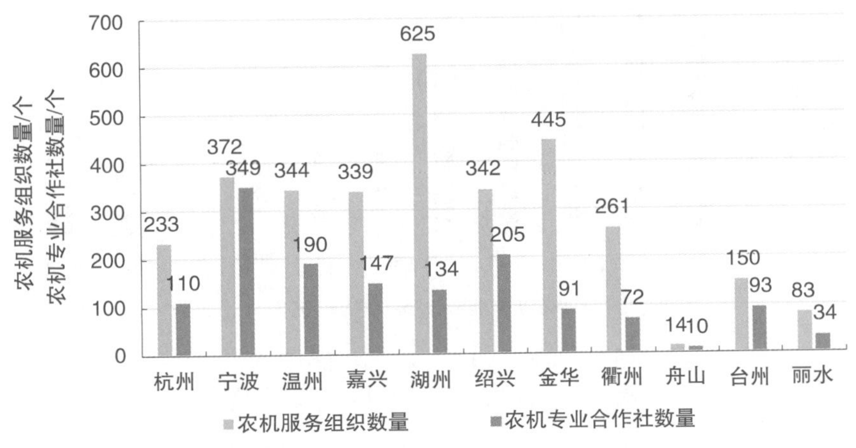

图 1　2020 年全省农机服务组织数量

（数据来源：《2020 浙江省农业机械化统计年鉴》）

在农机专业合作社中，全省拥有农机原值 100 万元（含）以上的农机专业合作社占比为 41.8%，其中杭州市占比最高为 67.3%，其次是宁波市 59.3%和绍兴市 51.7%（图 2）。

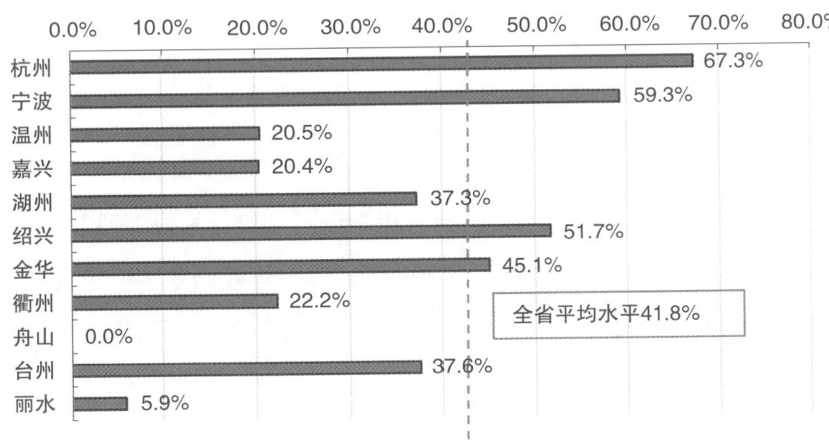

图 2　2020 年农机原值 100 万元（含）以上的农机专业合作社占比

（数据来源：《2020 浙江省农业机械化统计年鉴》）

（二）农机服务组织服务情况

2020 年，全省农机专业合作社服务面积 568 万亩，宁波市最高为 112.97 万亩，其次是温州市 78.20 万亩和杭州市 76.30 万亩，舟山市最低仅 2.21 万亩（图 3）。

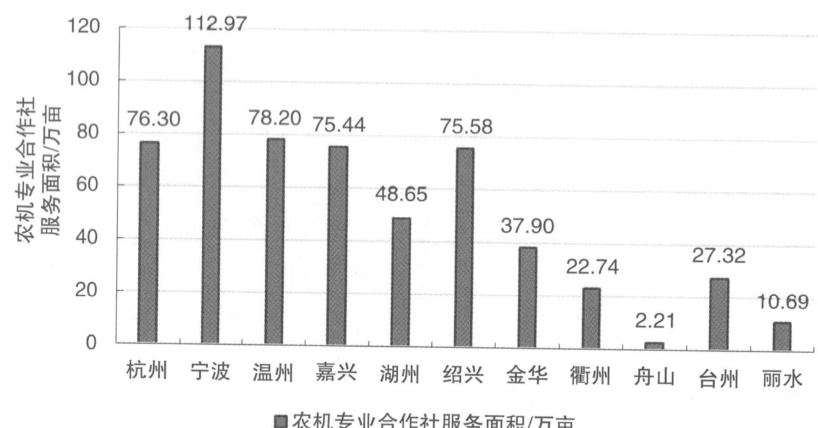

图 3　2020 年农机专业合作社服务面积

（数据来源：《2020 浙江省农业机械化统计年鉴》）

二、调研情况

根据上述农机服务组织基本情况，采用问卷调研和实地调研相结合的方式，对全省的服务组织停机库、培训教室、稻米加工房、维修车间、烘干房和仓储等基础设施进行了调研。

（一）调研基本情况

问卷调研。选择全省 11 个县市区农机服务组织进行调研，重点调研其经营规模、基础设备设施名称、结构及面积，累计收到问卷 258 份，其中有效问卷 254 份（表 1）。

1. 按照服务组织类型分类

农机专业合作社 70.5%，农机作业服务公司 6.3%，家庭农场 23.2%。

2. 按照服务内容

稻麦耕种收、烘干和秸秆处理 89%、茶叶加工 6%、菌菇加工 1%、蔬菜育苗 4%。

表 1　调研有效问卷情况（份）

地区	杭州	宁波	温州	嘉兴	湖州	绍兴	衢州	舟山	台州	丽水
数量	24	103	2	59	2	4	9	1	46	4

实地调研。赴杭州、宁波、嘉兴、温岭、衢州等 20 个县市区的农机服务组织开展了实地调研。

（二）调研结果

调研的 254 个农机服务组织中，拥有停机库、培训教室、稻米加工房、维修车间、烘干房、仓储设施占比分别为 54.0%、39.8%、17.3%、55.9%、75.2%和 40.9%，同时拥有停机库、培训教室、稻米加工房、维修车间、烘干房和仓储设施仅 21 个，占比 8.3%，约有 5%的农机服务组织停机库、烘干房、维修车间等在同一个设施中。具体调研结果如下：

1. 停机库

254 个调研对象中，46%是露天存放，38%为临时搭建的库棚或借用旧房，16%已有或规划建设专门的停机库，见表 2。停机库面积为 50～800 米^2，面积在 500 米^{2}以上的农机专业合作社主要分布在杭州、宁波、嘉兴和台州等地区，如桐庐县丰收农机专业合作社、奉化锦啸农机专业合作社、秀洲区三建农机专业合作社、宁海县胡余贤农机专业合作社、温岭市金土地农机专业合作社等。在实地调研中发现，虽然有一些合作社有停机库，但是无法满足农机停放的需求，农机仍然存在露天停放的情况。

表 2　254 家调研对象停机库面积分布情况

停机库面积/米^2	占比/%	结构
0	46.0	无停机库
30～100	9.8	临时搭建库棚或借用旧房
100～300	18.7	
300～500	8.7	已有或规划建设专门的停机房
500 以上	16.8	

2. 培训教室

拥有培训教室的占比 39.8%，培训教室结构以砖混为主，占比 58.8%，钢结构和简易棚占比分别为 40.0%和 1.2%；培训教室面积最小的为 15 米²，最大的为 200 米²。

3. 稻米加工房

拥有稻米加工房的占比 17.3%，稻米加工房结构以钢架构为主，占比 75.8%，砖混和简易棚占比分别为 21.2%和 3.0%；稻米加工房面积最小的为 30 米²，最大的为 580 米²。

4. 维修车间

拥有维修车间的农机服务组织占比 55.9%，维修车间结构以钢架构为主，占比 56.5%，砖混和简易棚占比分别为 33.9%和 9.6%；维修车间面积最小的为 15 米²，最大的为 200 米²。

5. 烘干房

拥有烘干房的农机服务组织占比 75.2%，烘干房结构以钢架构为主，占比 81.8%，砖混和砖混＋钢结构/简易棚占比分别为 16.7%和 1.5%；烘干房面积最小的为 100 米²，最大的为 4 000 米²。

6. 仓储设施

拥有仓储的农机服务组织占比 40.9%，仓储设施结构以钢架构为主，占比 58.1%，砖混和简易棚占比分别为 36.5%和 5.4%；仓储设施面积最小的为 100 米²，最大的为 2 660 米²，平均面积约 350 米²（表 3）。

表 3　农机服务组织基础设施调研情况汇总表

基础设施名称	有该项设施的占比/%	结构	面积/米²	
			最小	最大
停机库	54	临时搭建的库房或借用旧房	50	800
培训教室	39.8	砖混结构为主	15	200
稻米加工房	17.3	钢结构为主	30	580
维修车间	55.9	钢结构为主	15	200
烘干房	75.2	钢结构为主	100	4 000
仓储设施	40.9	钢结构为主	100	2 660

三、国内外农机服务组织现状

（一）国外情况

农机社会化服务为美国、法国、英国、德国、日本等发达国家农业机械化的发展提供

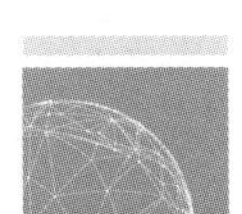

了坚实保障，形成3种类型的服务模式：以农户中等规模为基础，专业合作社为主体的欧洲模式；以大规模的家庭农场为基础，专业合作社为主体的美洲、大洋洲模式；以农户小规模经营为基础，社区型、综合性农协为主体的亚洲模式。针对这些不同服务模式农机服务组织的发展，均出台了补贴、信贷、税收、用地等方面的政策法规保障体系，扶持多元化的农机服务组织发展，其中包括对服务组织基础设施建设上的政策支持。

（二）国内情况

国内江苏和福建通过多种渠道为农机合作组织提供扶持资金，加大农机合作组织基础设施投入，明确基础设施建设规模、资金投入、建设方式、建设要求等，进行了农机库棚建设补贴。

1. 江苏

《江苏省省级“全程机械化+综合农事”服务中心建设指引》中明确：“服务中心建成后的基础设施应包括机库、配件库、农资配送间、农产品初加工间、学习培训室、电子商务和信息化管理室、烘干中心、维修中心等，总面积不少于1 500米^2。”《江西省全程机械化综合农事服务中心建设办法》的通知中明确：“基础设施标准化，农机库棚建设面积A类不低于500米^2；维修车间（含配件库）面积A类不低于50米^2，建有与其农机保有量、农机作业规模和维修工艺要求相适应的维修间和配件库；培训教室面积A类不低于50米^2。”

2. 福建

福建省农业厅、财政厅联合印发的《农机机库建设工作的通知》中明确：“采取先建后补的补助方式，扶持建设一批农机合作社机库。明确建设重点是停放大中型机具的机库。”机库建设面积800米^{2}以上、500～800米^2、300～500米^2，财政补贴资金分别为25万元、20万元、15万元。

四、农机服务组织存在问题

从调研情况来看，目前全省农机服务组织的基础设施建设滞后于农业机械化发展的需要，主要表现在：

（一）存放空间不足

2020 年，全省拖拉机、水稻插秧机和联合收割机的保有量分别为 6.631 8 万台、1.546 9 万台和 1.648 3 万台，共约 10 万台农机具需要停放和保存。从停机库调研样本看，农机露天停放的占 46%，建有停机库的占 54%，但原有的库房仍无法满足实际停放的需求。如余姚市田螺山农机服务专业合作社部分插秧机在停机库放置，还有部分农机露天停放。资料表明，农机具露天停放于泥土地的锈蚀率达 4.6%，而在库棚内用木板支垫保管的锈蚀率仅为 1.12%。农业机械作业时间短，除农忙季节使用外，大部分时间需要停放，房前屋后露天停放的现状普遍存在，导致农机遭受风吹日晒、雨雪浸淋，影响了使用寿命。

（二）建设无标准

现有农机服务组织基础设施以砖混结构、钢结构和简易的棚架式为主，停机库以临时搭建的库棚居多，培训教室以砖混结构为主。这些基础设施总体缺乏规划和建设标准，大小规格各异，质量参差不齐，抗台风等灾害能力差，布局不合理，外观缺少统一的标志标识。

（三）建设用地难

农机服务组织基础设施用地指标紧缺。经统计，至 2025 年，全省农事服务中心约需要建设用地 1 499.6 亩，设施农业用地 1 846.6 亩。目前，农机服务组织基础设施用地未纳入土地综合利用整体规划，扩建审批难。

（四）建设投入不足

农机服务组织基础设施建设资金短缺。经调研，钢结构主体的基础设施造价约 1 500 元/米^2，如建设停机库、烘干房等基础设施 500 米^2，需要投入约 75 万元，对于农机合作社和大多农机户都是较大的经济压力。

五、农机化服务组织发展路径

（一）总体思路和总体目标

1. 总体思路

按照《浙江省实施科技强农机械强农行动大力提升农业生产效率行动计划（2021—2025年）》和《浙江省农业农村厅关于深化机械强农行动推进农业“机器换人”高质量发展的实施方案》等有关部署，围绕“两个先行”，聚焦粮食安全、农业增效、农民增收，深入实施科技强农、机械强农行动，坚持政府推动、市场主导、农户自愿，高质量建设一批农事服务中心，为农业现代化先行提供强劲动力。

2. 总体目标

到2025年，全省建成300个以上省级高标准农机器综合服务中心，并在全程机械化服务中心基础上，进一步拓展农事服务功能，建成现代化农事服务中心100个以上，区域性农事服务中心200个以上，各类涉农主体自建专业农事服务站点1 000个左右，实现涉农县农事服务功能全覆盖，农机社会化服务组织拥有的农机数量达到全省总量的60%以上，作业量达到全省农机总作业量的80%以上。

（二）主要措施

1. 做好规划布局

各级部门要统筹本地区农事服务中心建设规划布局，根据区域粮食生产、农业主导产业发展需要，按照整县域规划布局建设5～7个的原则，合理布局综合性、区域性农事服务中心，规划选址要紧密结合粮食生产功能区、现代农业园区等空间布局，至少服务覆盖2个及以上乡镇。

2. 保障用地空间

相关部门将农机服务组织建设纳入用地规划，合理预留农事服务中心建设空间。推动建设用地、设施用地等多种用地供给方式，支持停机库、烘干房、加工房等基础建设纳入设施农业用地管理，支持培训教室等建设用地需求。鼓励村级集体经济组织通过农村集体用地入股、出租等方式参与服务组织建设。

3. 制定建设标准

针对不同产业制定和出台适合浙江省农机服务组织基础设施建设技术标准，注重基础设施抗灾能力，引导科学建设停机库、烘干房等，充分整合资源，有效降低建设成本。加强示范引导，树立典型，发挥带动作用。鼓励市、县分别制定市级、县级农机服务中心建设标准，推动农机服务组织基础设施建设呈现多元化方向发展。

4. 加大扶持力度

通过多种渠道加大对农机服务组织基础设施建设的扶持力度，实施停机库、烘干房等基础设施建设补贴，积极协调金融部门优先提供小额贷款或优惠贷款，加强对农业机械保管和保养的宣传教育力度，指导做好农机停放保管工作。

附件：

附件1　农机服务组织基础设施建设问题清单

附件2　农机服务组织基础设施建设要求参考

附件 1

农机服务组织基础设施建设问题清单

序号	问题领域	问题表现
1	机具存放	全省共有约10万台农机具需要停放和保存，存放空间不足，46%露天停放，建有停机库的仍然无法满足实际停放需求 机具露天停放，易遭受损毁，存在安全隐患，影响使用寿命
2	建设标准	农机服务组织基础设施建设缺乏规划和建设标准，大小规格各异，质量参差不齐，抗台风等灾害能力差，布局不合理，标识不规范
3	建设用地	用地指标紧缺，目前农机服务组织基础设施用地以设施用地为主，未纳入土地综合利用整体规划，审批难
4	建设资金	农机服务组织基础设施建设资金投入大，对于农机合作社和大多农机户都有较大的经济压力

附件 2

农机服务组织基础设施建设要求参考

序号	名称	建设要求参考
1	停机库	宜利用设施农业用地 停机库面积≥500米^2；维修中心面积≥200米^2 主体采用钢架构，封闭式或半封闭式，门高≥3.5米 库内地面应平整，采光、通风条件良好，外场宜设置农机具清洗场及清洗设备
2	培训教室	宜利用建设用地 面积≥50米^2
3	稻米加工房	宜采用钢架结构 面积≥150米^2，进出门高≥3.5米，宽≥4米
4	维修车间	建设主体采用封闭式或半封闭式，门高≥3.5米 维修车间面积≥50米^2 宜靠近停机库
5	烘干房	宜采用钢架结构，进出门高≥3.5米，宽≥4米，整体层高≥12米，面积≥1 000米^2 用于存粮时，地面应设置防潮层，高于室外地坪300米
6	仓储设施	宜采用设施农业用地 建设低温粮库或冷藏库，库容≥1 000米^3

注：服务规模≥10 000亩。